やってはいけないストレッチ

「伸ばしたい筋肉を意識する」のは逆効果！

坂詰真二

青春新書
INTELLIGENCE

はじめに

この本を手にした方の多くは、今現在ストレッチをやっている、あるいは以前にやっていた方でしょう。

ストレッチは筋トレのように重い物を持つわけでもなく、ランニングのように汗をかくわけでもないので、手軽に、そして気楽に始められます。ですから、老若男女、幅広い層の方が取り組んでいます。

でもそのストレッチ、本当に正しいやり方でしょうか？
ちゃんと効果は出ていますか？

ストレッチの最大の効果は柔軟性を高めることですが、せっかく時間を割いて取り組んでも、間違ったやり方だとなかなか体は柔らかくなりません。ストレッチは一見簡単に見えます。ですが、**やり方によっては筋肉や関節を痛めて、かえって柔軟性を低下させてしまう**ことさえあるのです。

じつはスポーツ業界やフィットネス業界でも、正しいやり方でストレッチをしている人は決して多くありません。現場で指導をするトレーナーやインストラクターでさえ、そのストレッチのやり方やフォームが正しいのかどうかを十分吟味することなしに、先生や上司から教わったとおり、あるいはテキストに書いてあるとおり、右から左へと伝えているケースが見受けられます。

プロでさえこのような現状ですから、一般の方が間違えるのも無理はありません。

ストレッチをやるからには、しっかり効く方法で確実に効果を実感していただきたい。今回、そんな思いを込めて、ストレッチや柔軟性に関する誤解や誤りを正し、最少努力で最大効果を得られるストレッチの方法をまとめました。

本来、ストレッチは筋トレや有酸素運動と比較して、最も速く効果が表れる、即効性のあるトレーニングです。そして最も疲労しにくく、ケガのリスクが低いトレーニングでもあります。

にもかかわらずその実感が得られないのだとしたら、残念ながらその方法は間違っている可能性が高いでしょう。

本書でご紹介するストレッチの理論や実践方法を読んでいただき、今までのやり方、例えば「実施するタイミング」「押さえる手の位置」「意識を向ける部位」などをほんのちょっと変えるだけで、驚くほど「伸びている」実感が得られるようになります。目に見えて体が柔らかくなっていきます。

また本書は、これまでストレッチをしていなかった人にもぜひ読んでいただきたいと思います。

その中には「ストレッチなんか必要ない。体が硬くても構わない」という方もいることでしょう。このような理由でストレッチをしていないなら、それはとっても残念な、もったいないことです。

なぜなら、**柔軟性があるかないかで、今の、そしてこれからの生活に大きな差が出るからです。体が硬いことは、思っている以上に不便で危険なのです。**

柔軟性があればケガをしにくくなりますし、身のこなしが軽くなりスッと伸びた姿勢に変わる。つまり、いくつになっても若々しい体をキープできるということです。

もちろん、スポーツでも差が出ます。スポーツの中でできる動作が増えますし、何よりスピードがアップします。

今現在フットサルをやっている人は高い位置のボールでもキックできるようになりますし、ランニングをしている人はストライドが広がって走力が上がります。ゴルフをしている人は飛距離が伸びてスコアがアップします。

ほかにも疲れにくくなったり、心身をリラックスさせたり、ストレッチの体メンテナンス効果はたくさんあります。

「自分は生まれつき体が硬いから……」とあきらめてしまっている方もいるでしょう。しかし、これも大きな誤りです。

生まれつき体が硬い人なんていませんし、正しい方法でストレッチをしさえすれば、必ず誰でも柔軟性が向上します。性別も年齢も運動経験も全く関係ありません。

それも、ほんのわずかな時間、努力でいいのです。正しい方法で行えば、たった10分、15分のストレッチを週に2～3回行うだけでも、体は目に見えて柔らかくなります。

実際に私自身、わずか10分のストレッチを週に3回行っているだけですが、前屈で胸がピッタリと脚につきますし、１８０度開脚ができます。

本書ではできるだけ難しい専門用語を排し、複雑な体の構造や機能なども噛み砕いて表現することに努めました。

今までなんとなくストレッチを行って効果が得られなかった人も、ストレッチをやってなかった人も、本書で紹介するストレッチのコツをつかんで、正しい方法で行えば、どなたでも必ず柔軟性の高い体を手に入れることができることをお約束します。

２０１３年４月

スポーツ＆サイエンス　坂詰　真二

注）ストレッチは正しくはストレッチングですが、本書ではすでに一般に定着している「ストレッチ」で統一し、使用しています。

『やってはいけないストレッチ』◆目次◆

第1章

なぜ、ストレッチをしても効いた感じがしないのか？

―やってはいけないストレッチ8のケース―

第３章

あなたにストレッチが必要な９つの理由

―柔軟性に乏しい体は、じつはこんなにコワイ！―

ストレッチのウソ? ホント?

第4章

最小努力で最大効果を得るストレッチの7大原則

—やった分だけ成果につなげるポーズ・回数・強度とは?—

第5章
老けない体をつくる基本ストレッチ12種目
―体が硬い人も、この方法を実践すれば必ずうまくいく！―

衣装協力／株式会社ウエザーコーポレーション（ウエア）
ミズノ株式会社（シューズ）
撮影／石田健一
イラスト／内山弘隆
本文デザイン&ＤＴＰ／ハッシィ

第１章

なぜ、ストレッチをしても効いた感じがしないのか？

―やってはいけないストレッチ8のケース―

「もうこれ以上伸びません」はいけません！

フィットネスクラブでもスポーツの現場でも、顔をしかめながら、あるいはうめき声を上げながらストレッチをしている方を見かけることがあります。中には2人一組で押し合い、「痛い、痛い」と言いながらやっている人も……。

こんなふうにストレッチをするのは、筋肉にとっては逆効果。**むしろ柔軟性を低下させてしまう可能性もあります。**

イソップ物語に『北風と太陽』という話があります。

北風と太陽のどちらが先に旅人の服を脱がせられるか、という賭けをする。そして北風がビュービュー吹いて旅人の服を脱がそうとすると逆効果で、太陽が暖かな日差しを送ると旅人は自然と服を脱ぐ――。

じつはストレッチでも同じようなことがいえます。

無理にギュウギュウと力を込めてストレッチをしてしまうと筋肉に力が入ってかえって伸びにくくなり、優しく伸ばしてあげると徐々に力が抜けて筋肉は伸びやすくなるのです。

私たちが腕をぶつけたり転んだりして「痛み」を感じると、自律神経の交感神経が働き、またぶつけた部位周辺の運動神経が興奮して、筋肉の緊張が起こります。痛みには出血をともなうことが多いですから、これは筋肉が緊張し血流を悪くすることで、出血を最小限に抑える防衛反応です。

ですから、**ストレッチで交感神経や運動神経が興奮してしまうと、筋肉は伸びにくくなります**。ストレッチで筋肉をゆるめたいなら、「イタ気持ちイイ」ぐらいでもかえってマイナスなのです。

また筋肉は伸ばされると、脳を介さず反射として緊張し、短くなろうとします。これは姿勢を維持するために備わっている姿勢反射の一つで、「伸張反射」といいます。これもまた筋肉を伸ばす上ではマイナスになります。

最も問題なのは、**人から無理に伸ばされようとすれば、自分でも筋肉が切れる不安から自然と意識的に抵抗して力を入れてしまうことです。**自分でやっても、人にやってもらっても、ギュウギュウ力を込めたストレッチでは、このように筋肉は頑《かたく》なになって、伸ばそうにも伸ばすことができなくなる。まさにビュービュー吹く北風に抵抗するようなものなのです。

それでもド根性で筋肉を伸ばしたら、筋肉が切れて肉離れを起こしたり、関節を痛めてしまうかもしれません。

相撲、体操、バレエなど、特に柔軟性を求められる競技では、過剰に力を加えてストレッチをする傾向があります。そういった歴史の古い競技では、教えるほうの〝力〟が強いため、お弟子さんや生徒さんが筋肉を損傷しても、なかなか言い出せない空気があります。

相撲取りは弟子入りすると180度の開脚、いわゆる「股割《またわ》り」という激しいストレッチを行います。ですが、これで股関節周囲にある筋肉や靭帯を痛めて、廃業に追い込まれる人もいるようです。

筋肉を伸ばすには、**筋肉が脱力していることが第一の条件**です。

そのためには、〝太陽政策〟で優しく、痛みを感じない範囲で伸ばして、筋肉の頑なな心をほぐしながら行うことが肝心です。

ここを改善！

限界まで頑張ると、筋肉はかえって伸びない

「いつやるか?」のベストタイムは「体温」で決まる

さわやかな朝いちばんの柔軟体操。なんだか健康的な響きですが、残念ながら、寝起きのストレッチは柔軟性を高めるという意味では非効率的です。

筋肉はリラックスしているからうまく伸ばすことができるのですが、**気温や体温が低いと緊張、収縮をしてしまいます。**そのため、うまく伸ばすことができないのです。**起きている時間の中で、寝起きは最も体温が低いため、最もストレッチに不向きな時間といえます。**

このメカニズムをもう少し詳しくお話ししましょう。

筋肉は筋線維という細長い細胞の束でできていますが、この線維の間にはコラーゲンが混ざっています。筋肉を包む膜(筋膜)もコラーゲンでできています。柔軟性の良し

筋肉にはコラーゲンが混ざっている

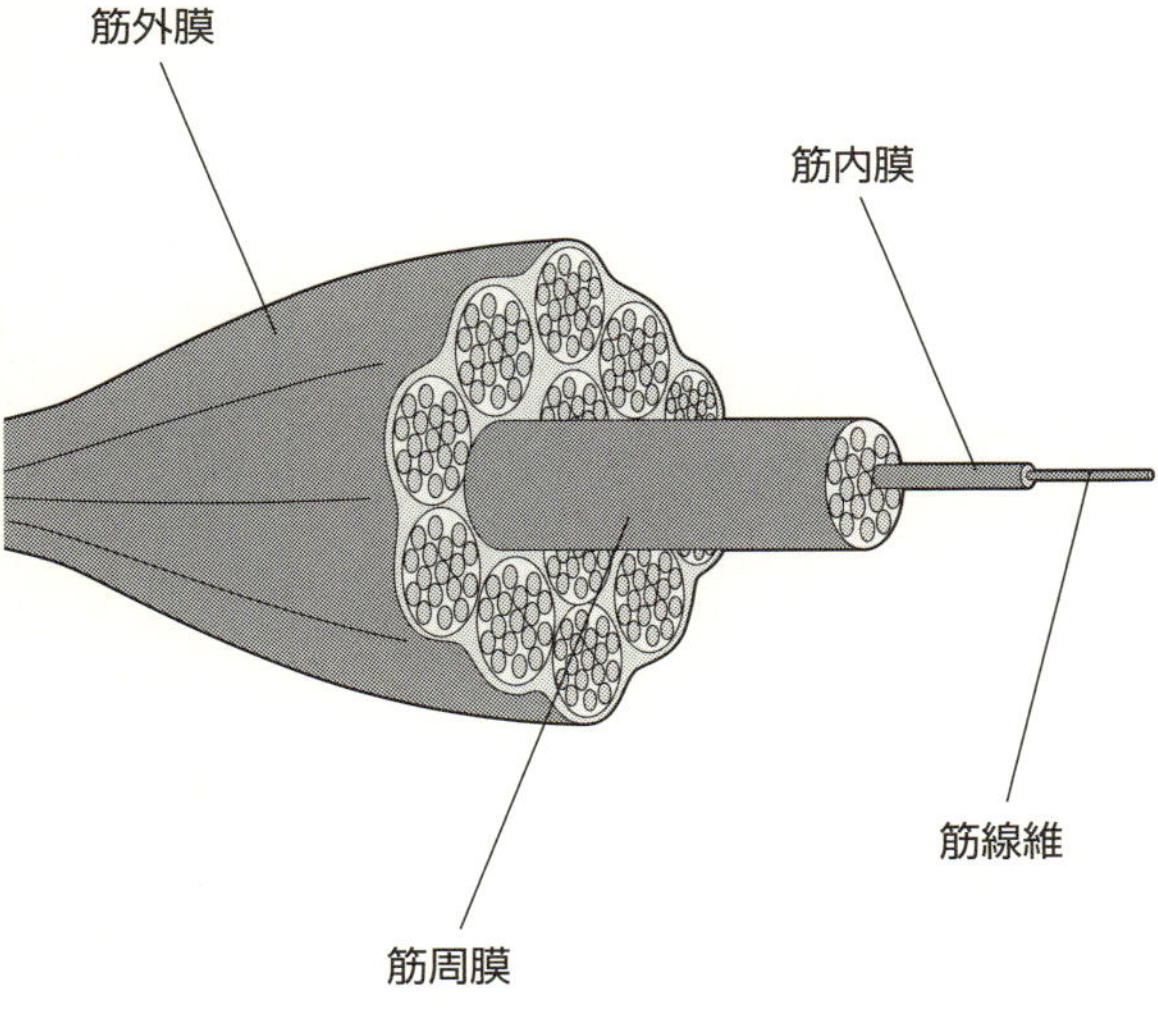

筋肉は筋線維の集合体。筋肉内外の膜の主成分はコラーゲン。筋線維と筋線維の間にもコラーゲンが存在する。

悪しは、**筋線維そのものの変化よりもこのコラーゲンの状態が大きく影響します**。

金属に熱を加えると伸びやすくなるように、筋肉の温度が高くなるとこのコラーゲンもその熱を受けて温まり、ゲル化といって柔らかい状態に変化します。すると弱い力でもスッと伸びやすくなるのです。


そしてもう一つ。筋肉は体を動かす動力ですが、それ以上に熱発生装置としての大きな役割があります。私たちは恒温動物で、36・5度前後の体温を維持していないと体の機能がうまく働かず、上がり過ぎても下がり過ぎても生命は維持できません。

この体温の源である熱をつくっているのは、おもに肝臓、脳、心臓、そして筋肉です。特に**筋肉は外気温の変化に敏感に反応して、発生する熱量を調整します**。

外気温が高い時には筋肉は脱力して熱の発生量を抑え、逆に外気温が低く、体温が下がりそうになると筋肉が緊張をはじめ、熱の発生量を増やします。

その極端なものが、筋肉が強く収縮することで体がガタガタ震える「シバリング」（寒

筋肉は温められるほど伸びやすくなる

体温が高い状態の筋肉

筋肉そのものの緊張が取れるのに加え、筋線維に含まれるコラーゲンが柔らかくなり、弱い力でも伸びやすい。血管が拡張し、血液の循環も活発になる。

体温が低い状態の筋肉

筋肉が熱を産生するために緊張し、コラーゲンも硬くなる。その結果、筋肉が伸びにくくなる。

冷震え）です。シバリングまでいかなくても、体温が下がっている時には筋肉は緊張してしまうために伸びにくいのです。

朝はそもそも代謝が低下している最も体温が低い時間帯。

さらに体温と同じ温度の空気に包まれた布団から出ると、体は寒さを感じて体温を上げようと筋肉を緊張させます。やはり、筋肉は伸びにくい時間帯なのです。

ストレッチを効率よくやり、筋肉を傷めるリスクを回避するなら、**ストレッチは朝イチではなく、体温の高い日中に行うべきです。**

ただし朝イチのストレッチがまったく無意味だというわけではありません。

朝しか時間がないのであれば、やらないよりは確実に柔軟性は高まります。また柔軟性を高めるほど伸ばさなくても、ストレッチの優しい刺激で徐々に心身を覚醒させることは、鈍くなりがちな午前中の活動を高めることにも役立ちます。

午前中どうしても仕事の効率が上がらない、家でダラダラしてしまう、という方には、心身をオフモードからオンモードに切り替えるウォームアップとして働き、消費エネルギーを増やすという効果が期待できるでしょう。

ここを改善！

ストレッチは起きてすぐやってはいけない！

背筋を伸ばしたいなら、腹筋を意識すべし

フィットネスクラブでは、インストラクターが筋トレを指導する時、「使っている筋肉を意識してください」と指示します。

そしてまた、ストレッチを指導する際にも、「伸ばしている筋肉を意識してください」と言います。

ともに伝統的な指導時のトークで、施設のマニュアルやトレーナーの教科書にも載っているのですが、これって何となく矛盾を感じないでしょうか？

筋トレにおいてはたしかにプラスですが、じつはストレッチではかえってマイナスになります。**筋肉を効率よく伸ばすためには、むしろその筋肉自体を特別に「意識しない」ことこそが正しいやり方**だからです。

意識をすることによって得られる効果は、筋肉が収縮力を発揮しやすくなる、つまり筋力がアップすることです。

これは容易に証明できます。

握力計を使って握力を測定する時に、何か映像を観たり人と話をしながら行う、つまり意識をせずに行うと数値は下がります。

反対に外部の刺激をなくして手を見ながら、あるいは人に前腕を触ってもらいながら、使う筋肉や動作に意識をおくと数値が上がります。

意識をすると筋力がアップするわけですから、筋トレにおいては、使う筋肉を意識することは正解なのです。

しかし、ストレッチではまったく逆効果です。

そもそも筋肉は収縮することはできても、それ自体には伸びる機能はありません。伸ばすためには、できるだけ脱力しつつ、ほかの力（自己の筋力や他者の筋力、重力など）によって引っ張ってもらうしかありません。

ももの筋肉を伸ばすために腕に力を入れる。

ですから意識することで筋肉に力が入ったのでは、逆効果なのです。

筋トレでも意識、ストレッチでも意識。

真逆の関係にある2つの運動で指導者が同じことをいうのは、二律背反です。

ストレッチをする時はゆったりとした気分で、あまり動作や筋肉に意識をおかずに行うほうが効果的。その部位を特別に意識させずに行うのが正解です。

伸ばす部位に触れるなどということは問題外です。

意識させるとすれば、その筋肉を伸ばすた

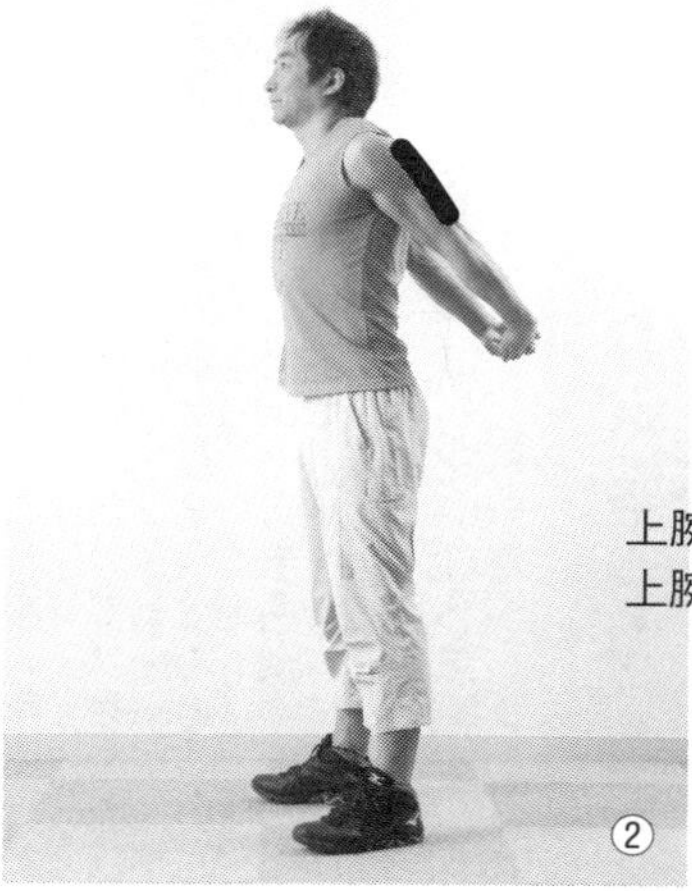

上腕三頭筋を意識することで
上腕二頭筋は脱力する。

めに使われる筋肉を意識させるべきです。

例えば足首を持って片ひざを曲げる太ももの前側のストレッチ（右ページ写真①）では、腕の力を使って、かかとをお尻に引き寄せつつ、ひざを後ろに引きます。この時に上腕部にある上腕二頭筋や背中の広背筋などが筋力を発揮しているので、ここを意識させることには意味があります。

また、**伸ばす筋肉と反対の働きをする筋肉を意識することにも意味があります。**

それは、ある筋肉が収縮して運動を起こす時には、反対の働きをする筋肉は弛緩《しかん》してこの動きを邪魔しないようにする反射機能が備わっているからです。これを「相反抑制」といいます。

例えば上腕の前側にあってひじを曲げる働きをもつ上腕二頭筋のストレッチ（前ページ写真②）で見てみましょう。この時ひじを伸ばして手を後方に引くのですが、この時に腕の後ろ側の上腕三頭筋を意識することで、上腕二頭筋は脱力しやすくなり、ストレッチが容易になります。決して上腕二頭筋を意識させてはいけません。

もし**背筋を伸ばしたいなら意識すべきは背筋ではなく、逆の働きをする腹筋なのです。**

ただし、意識に気を取られすぎてかえって全身のリラックスが損なわれたのでは、意味がありません。のんびり、ゆったり行うことが肝心です。

ここを改善！

伸ばす筋肉を意識してはいけない！

「反動を使って体を伸ばしてはいけない」のウソ

「ストレッチをする時に反動を使ってはいけない」

そんな話を聞いたことがある方は多いでしょう。実際、フィットネスクラブで昔ながらの反動を使った柔軟体操、屈伸や体の回旋などをされている方は稀《まれ》です。

しかし、じつは**反動をつけずに静止するのもストレッチなら、反動をともなって行うのもストレッチ。どちらも正しく、大切なのはそれぞれの特性を知って使い分けをすることです。**

筋肉が伸びた状態を一定時間キープする方法を「静的ストレッチ」、あるいは「スタティックストレッチ」と呼びます。米国のボブ・アンダーソン氏によって確立され、１９８０年代、フィットネスブームとともに日本に一気に広まりました。

しかし、これらは何も特別なものではありません。私たちが疲れた時に、自然と上体を反らしたり、腕を頭上に伸ばしたりするのも静的ストレッチの一種です。

意外に思われるかもしれませんが、この代表格は今から4、5千年前にインドで誕生したといわれるヨガ。ボブ・アンダーソン氏の**ストレッチもヨガをベース**としており、ヨガと類似したポーズが数多く存在します。

これに対して、昔から柔軟体操として行われていた屈伸や前後屈など、**「反動＝反対動作」をともなって筋肉の伸び縮みを繰り返す方法を「動的ストレッチ」と呼びます。**

疲れた時に自然と首を回したり、ひじを曲げ伸ばしたりするのも動的ストレッチ。貧乏ゆすりもその一つといってよいでしょう。

日本のラジオ体操や、サッカーのウォーミングアップで行われるブラジル体操は、動的ストレッチの代表格といえます。

細かくご説明すると、動的ストレッチにはさらに2種類に分けられます。

一つはおもに**立って移動しながら、腕や脚、体幹を左右交互に大きく動かす方法**です。これは**「ダイナミックストレッチ」**と呼ばれ、ブラジル体操はこちらです。

もう一つは、**「バリスティックストレッチ」と呼ばれ、静的ストレッチのポーズに反対動作をつけて行う方法**です。

例えば、立位体前屈を静止して行えばスタティックストレッチですが、前屈して元に戻す（これはラジオ体操でもおなじみの動き）。これを繰り返せば、バリスティックストレッチになります。

●スタティックストレッチ――静的ストレッチ
●ダイナミックストレッチ┐
●バリスティックストレッチ┘動的ストレッチ

フィットネス、スポーツ界では、

「バリスティックストレッチは、筋肉が反射的に縮もうとする『伸張反射』を引き起こすので筋肉を伸ばしにくく、また筋肉を伸ばし過ぎてケガをする可能性がある」として、やってはいけないストレッチとされています。そのため、冒頭のような注意をされることがあるのです。

筋肉は無理やり伸ばされると切れてしまったり、関節が壊れてしまう可能性があります。伸張反射はこれを防ぐために備わった機能です。

しかし、じつは**スタティックストレッチでも、ダイナミックストレッチでも、筋肉を伸ばせば「伸張反射」は自動的に起こります。ですから反動や伸張反射そのものは悪者ではありません。**過剰に勢いをつけて無理に筋肉を伸ばすのでなければ、バリスティックストレッチを行っても問題ないのです。

過度に筋肉を伸ばすとケガをするのは、スタティックストレッチでもダイナミックストレッチでも同じことです。いずれのストレッチでも、痛みを感じない、適度な強さでコントロールしながら行えばよいのです。

ダイナミックストレッチとバリスティックストレッチの間には、動きとして本質的な差はなく、本書では特にこれら2つを分けることなく、動的ストレッチと表記して紹介していきます。

ここを改善！

反動を生かすも殺すもやり方しだい

ウォームアップ＝ストレッチと思っていないか？

前述したように、１９８０年代中盤にアメリカからフィットネスブームの波が日本にやってきました。この時に一気に広まった健康法としての運動プログラムが、エアロビクス（ダンス）、ウエイトトレーニング、そしてストレッチです。

エアロビクスの教科書はケネス・クーパーの『エアロビクス』、ウエイトトレーニングの教科書はジョー・ウイダーの『ウイダー・トレーニング・バイブル』、ストレッチの教科書はボブ・アンダーソンの『ストレッチング』。フィットネスクラブの指導者は、皆一様にそれらを読んで勉強したものです。

これにより、これまで「体育」の世界で正解とされていたラジオ体操や屈伸、伸脚のように筋肉を伸び縮みさせる動的ストレッチが全否定され、筋肉を伸ばしたまま静止する静的ストレッチこそ正しい、という考えが広がりました。

当時フィットネスの指導者だけでなく、体育や部活動の指導者の中にもウォームアップとして動的ストレッチではなく、静的ストレッチを行う人たちが現れました。

しかし、**ウォームアップとストレッチは同義語ではありません。ウォームアップで静的ストレッチをたくさん行うと、かえってパフォーマンスは下がりやすくなる。**その理由をご説明しましょう。

動的ストレッチ、静的ストレッチには一長一短があり、ある場合には動的ストレッチが、ある場合には静的ストレッチというように、状況に応じてそれぞれを使い分けたり、組み合わせることが重要です。

静的ストレッチは伸ばした**筋肉の緊張あるいはこりを解く効果**、また複数か所をじっくり行えば、**心身のリラクセーション効果**があります。
一方、動的ストレッチには血流を促進して、**疲労を軽減したり、むくみを改善するなどの効果**、また全身くまなく行えば**体を温めるウォームアップ効果**があります。

このような特性を考えると、ウォームアップとして静的ストレッチをメインにしてしまうのは、マイナス。**これから体を動かそうというのに、筋肉、全身が弛緩して力が出にくくなる**からです。

こういったことが経験的にも、実験的にも証明されるようになり、２０００年代に入ると逆に「運動前に静的ストレッチを行ってはいけない。動的ストレッチだけでよい」という論調も強まりました。

ですが、これもまた極端な話。

仕事や家事で体を動かしていた時代であれば、これは正解といえるでしょう。しかし、学校でも仕事でも現代の日本では、座ったまま、あるいは立ったまま同じ姿勢を保持することが多くなっています。この状態では心拍数はほぼ安静時の状態ですし、姿勢をキープするための筋肉が緊張しています。

ここからいきなり動的ストレッチを行うのは、心臓に対しても、筋肉に対しても、他の臓器に対しても、安静状態とのギャップが大きく負担がかかります。

そこで私がすすめる方法はこちらです。まず、

- **立ったまま**
- **複数の筋肉を**
- **強めに**
- **手短に**

この４つの条件を満たした静的ストレッチ２〜４種類程度行います。これで一度姿勢

維持のために緊張していた筋肉をリラックスさせます。

次に動きの大きな動的ストレッチを行い、最後に速歩やランニングなどの全身運動を行うようにすると、筋肉や心臓、そして心理状態を無理なく「上げていく」ことができ、スポーツに備えることができます。

ここを改善！

運動の前に静的ストレッチだけだと不十分

柔軟性はストレッチをやった直後から向上する

一流のバレリーナやフィギュアスケートの選手になるには、中学生からでは遅すぎる。遅くとも小学生低学年、できれば小学校に入る前からやっておいたほうがよいといわれます。

そんな話もあるからか、

「柔軟性は幼い頃しか身につかない」
「ストレッチは長期間行わないと効果がない」

というイメージを持っている人が少なくないようです。

もちろん、筋力トレーニングや有酸素運動の効果がそうであるように、ストレッチで劇的に表れることはありません。ですが、**じつはあらゆるトレーニングの中でストレッチは、最も効果が早く表れるトレーニング**なのです。

皆さんはテレビやネットでこんな光景を見たことがないでしょうか？　まず参加者に立位体前屈などをさせて、柔軟性をチェックする。その後、「体の能力を高めるパワーを持つ」というブレスレットをつけさせる。そして、再び立位体前屈をさせると不思議なことに、先ほどよりも柔軟性が向上している。

一見、驚くべき内容ですが、じつはこれはあたりまえの現象です。

安静時からいきなりストレッチをしようとしても筋肉は冷えているし、姿勢を保つために緊張している筋肉もあるので、うまく伸ばすことはできません。ストレッチは1度目より2度目、2度目より3度目の方が効果が上がるに〝決まっている〟のです。

ブレスレットでなくても、どんな器具でも、何かの言葉を言ったり、動作をするのでも、何でもよいのです。それが腰を振ったり、屈伸をするなどの筋温を高める動き、尻やもも裏を伸ばす動きであればなおのこと。効果は顕著に表れます。

いうならば、**柔軟性はストレッチをやった瞬間から向上しています。**

筋力や持久力のテストではこうはいきません。

握力計テストでも、持久走でも、筋力や持久力は1回目よりも2回目のほうが記録が低下することがほとんど。それは筋力や持久力を発揮する時にはエネルギーをたくさん消費し、疲労をともなうからです。

すぐに効果が表れるからといっても、いきなり誰でも一日で劇的に体が柔らかくなるわけではありません。1回目より2回目、2回目より3回目のほうが柔らかくはなりますが、**5回程度行うと「もうこれ以上伸びない」というその日の限界が訪れます。**

柔軟性を向上させるには、筋力や持久力と同様、ストレッチを継続することが必要です。ストレッチを継続することで、少しずつ柔軟性は向上します。

例えば座位体前屈は週にたった3回、3分ずつでも継続して1年行えば、どんなに硬い人でもつま先を持てるようになります。

すでにつま先を持てる人であれば、1年でピッタリ胸がひざにつくようになります。

また、トレーニングを中止すると能力が徐々に落ちていくのも、筋トレや有酸素運動と同様です。自分に必要な柔軟性を獲得できた後は、**週に1回継続すればその柔軟性を維持することができます**。

ちなみに、冒頭のバレリーナやフィギュアスケート選手ですが、早期に行わないとなかなか一流になれないのは通説の通りだと思います。

しかし、その理由はバレエやフィギュアスケートの技術が一般の陸上で行うスポーツと異なり、日常生活にない「独特で複雑なもの」であるからです。

その技術の基盤となる一つの要因が柔軟性ですが、そればかりが大きく影響するわけではありません。

柔軟性は、何歳になってからでも獲得できるのです。

ここを改善！

柔軟性は大人になってからでも身につく

どんなにストレッチしても脂肪は燃えません

雑誌やテレビなどで、

「ストレッチで体脂肪が減る」

「筋肉が増え、代謝がアップする」

といった言葉を見聞きすることがあります。

実際にそうであればよいのですが、残念ながらこれは誤り。ストレッチを行っても直接的に脂肪を燃焼することも、筋肉を増やして基礎代謝を上げることもできません。

まず、ストレッチと体脂肪の関係についてお話ししましょう。

実際にストレッチをしてみるとわかりますが、ランニングや水泳などの有酸素運動のように呼吸が乱れたり、心拍数が上がることはありません。それはストレッチで消費するエネルギーがとても少ないからです。

ストレッチを行っても、実施中の**エネルギー消費量は安静時より20％程度しか増えません。**

有酸素運動が安静時の400〜1000％も増えることと比較すると、その差は歴然。部分的な運動のためあまりカロリーを必要としない筋トレでさえ、200％程度増えます。

運動の強さ（強度）としては筋トレの1／10、有酸素運動の1／20〜1／50に過ぎず、散歩程度のレベルなのです。

例えば60kgの人が1時間みっちりストレッチを行っても、エネルギー消費量は130kcal程度、体脂肪に換算すると20g程度しか消費しません。

もちろん、ゴロゴロしているよりはストレッチをするほうが、エネルギー消費量は20

%増えるわけですが、体脂肪が減るというのはオーバーな表現です。ストレッチでも痛みを感じるほど強い力を出してギュウギュウ行えば、それだけ筋肉を使うのでエネルギーは消費します。

しかし、そのように**ストレッチをしているとすれば、それは適切な強度を超えています。**柔軟性を高めるという意味では効率が悪くなっているとえてよいでしょう。

それならばむしろ、**ウォーキングや自転車などの有酸素運動をしたほうがよっぽど効率がよい**というものです。

ただし、同じストレッチでもサッカーのブラジル体操やラジオ体操のような動的ストレッチを行うのであれば、有酸素運動に近くなり、運動中の消費エネルギーは300%程度アップします。

次にストレッチと基礎代謝の関係についてはどうでしょう。

筋トレでは、自分の体重や重りを使って、筋肉に対して普段受けていないような強い負荷をかけることで筋肉が強く、太くなります。筋肉は運動を起こす動力である以前に、体温をつくる熱発生装置ですから、筋トレをすると基礎代謝が上がるわけです。

一般的に筋肉１kgで30kcal（１日当たり）の熱を発生するといわれています。

ストレッチにも多少筋トレの要素はあります。筋肉を伸ばすためには、他の筋肉を使う必要があるからです。

とはいえ、この時に、その筋肉が普段受けている以上の力を発揮する必要はほとんどありません。それくらいの力を出してしまったら、やはりストレッチの強度としては度を超えていて、伸ばされる筋肉や腱《けん》がかえって切れないようにと緊張してしまうことになります。

もちろん、何もしないより筋肉は発達しますが、ストレッチが基礎代謝を上げる、という表現は言い過ぎです。

ストレッチの直接的な効果はあくまでも筋肉を柔らかくし、関節が大きく動くようにする、つまりは柔軟性を高めることにあります。柔軟性が高まることで、ケガをしにくくなったり、疲れにくくなったりという二次的なメリットも得られます。

その二次的なメリットの中には、一部間接的に体脂肪を減らすことにつながるものもありますので、これは第3章で詳しくお話しします。

ここを改善！

ストレッチの目的は筋肉を柔らかくすること

見よう見まねのストレッチは無意味

誰でも必ずやったことがあるストレッチといえば、文部科学省の体力テストにも入っている座位体前屈（59ページ写真）があります。

ただ、この時、多くの人はなんとなくこの「形」をつくって、なんとなく「どこか」を伸ばしているのではないでしょうか？

ストレッチは文字通り「伸ばす」という意味ですが、**体を大きく動かしたから（この場合は手がたくさん前に出たから）といって、必ずしも伸ばしたい筋肉がストレッチされているとは限らない**のです。

では、どうすればいいのかといえば、**伸ばすべき筋肉がいちばん伸びた状態をつくれ**

ばよいのです。そのためには、筋肉の構造と働きを理解する必要があります。

ほとんどの筋肉は1つ、または2つ以上の関節をまたいで骨に付着しています。その筋肉が収縮すると、付着している骨同士が関節を軸に回転して近づき、運動が起こります。

逆にこの筋肉の働きと真逆の動作を行うことで筋肉が付着する両端をできるだけ遠ざければ、筋肉は効果的にストレッチされます。

例としてふくらはぎの筋肉で説明しましょう。

ふくらはぎには腓腹筋《ひふくきん》、ヒラメ筋という筋肉があります。この2つの筋肉の末端はアキレス腱で一体となり、かかとの骨に付着しています。

ただ、この2つのもう一方の付着部は異なります。ヒラメ筋は脛《すね》にある脛骨《けいこつ》と腓骨《ひこつ》という骨に付着し、腓腹筋はひざ関節をまたいで大腿骨に付着しています（左ページイラスト①）。

筋肉が一番伸びた状態をつくるには？

ケース１

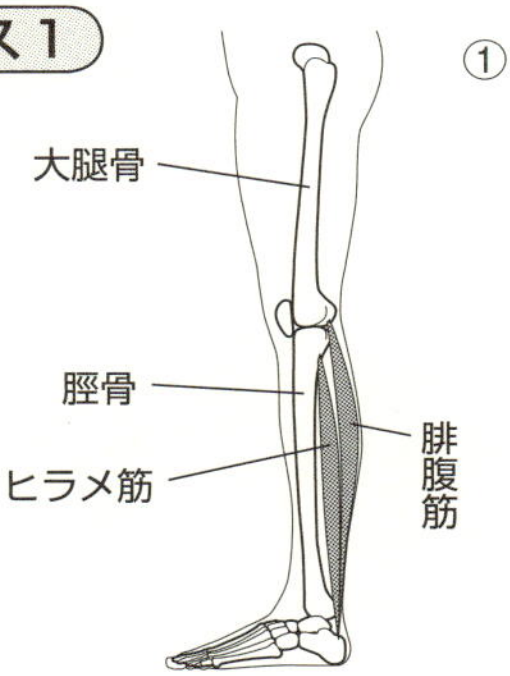

ヒラメ筋には足首を伸ばす働きが、腓腹筋にはひざを曲げる働きと足首を伸ばす働きがある。

ケース２

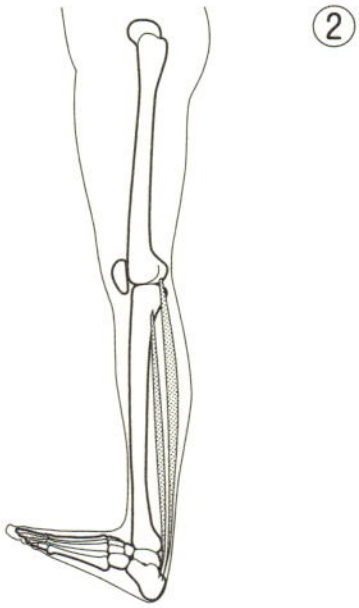

ひざを伸ばし足首を曲げると、腓腹筋が最もストレッチされる。

ケース３

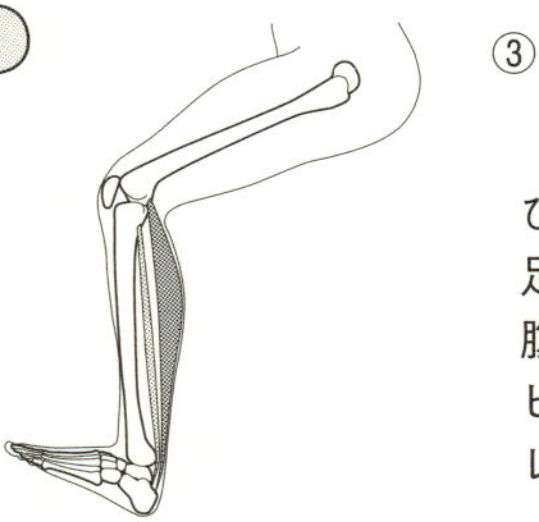

ひざを曲げた状態で足首を曲げると、腓腹筋がゆるむので、ヒラメ筋が最もストレッチされる。

このため2つの筋肉の働きもストレッチする時の動きも少し異なります。

腓腹筋は足首を伸ばすだけでなく、ひざを曲げる働きがあるため、逆に足首を曲げ、同時にひざを伸ばすことで最大にストレッチされます（前ページイラスト②）。

ヒラメ筋の働きは足首を伸ばす働きだけですから、逆に足首を曲げればストレッチされるはずです。しかし、この時にひざが伸びていると、腓腹筋が先に伸びてしまうため、ヒラメ筋を十分に伸ばすことができません。

そこでひざを軽く曲げて腓腹筋をゆるめた状態をつくってから足首を曲げることで、ヒラメ筋を最大にストレッチすることができるのです（前ページイラスト③）。

また、例えば座位体前屈では、おもに体の後面にある腰の「**脊柱起立筋**《せきちゅうきりつきん》」お尻の「**大殿筋**《だいでんきん》」もも裏の「**ハムストリングス**」という筋肉がストレッチされます。ただし、それぞれの筋肉は付着部が異なるので、**ちょっとした動きの違いで伸ばされる筋肉は異なります**。

座位体前屈

脊柱起立筋は骨盤と背骨に付着していて背すじを伸ばす働きがありますから、逆に背中をできるだけ丸めることで伸ばされます。この筋肉は大腿骨に付着していないので、股関節は外に開いたままでよく、下ももの腓骨や脛骨にも付着していないのでひざが伸びる必要はありません（次ページイラスト①）。

大殿筋は骨盤とももの大腿骨に付着していて、脚を後方に引き上げる働きがあるので、骨盤とももを近づけることでストレッチされます。この時に胸を張ることで、骨盤がしっかり前傾します。

大殿筋も下腿部の腓骨や脛骨には付着して

曲げ方が違うと、伸びる場所も変わってくる

①

背中を丸め、ひざはゆるめて外に開く

→腰が伸びる

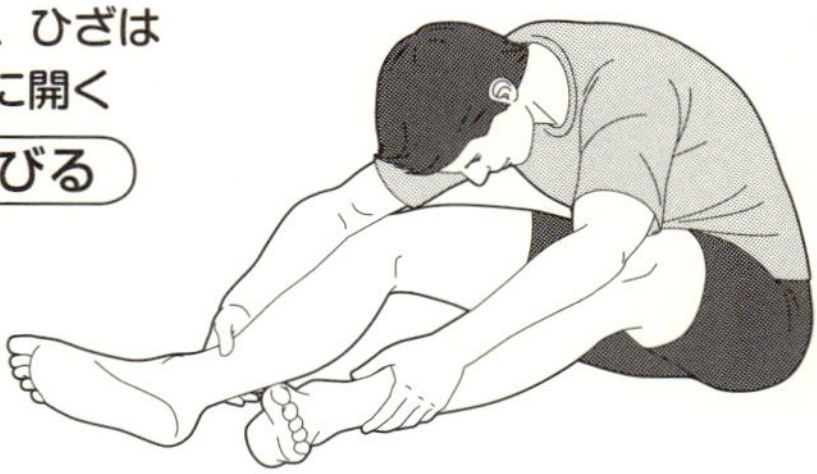

②

背すじを伸ばしてお尻を突き出し、ひざは軽く曲げる

→お尻が伸びる

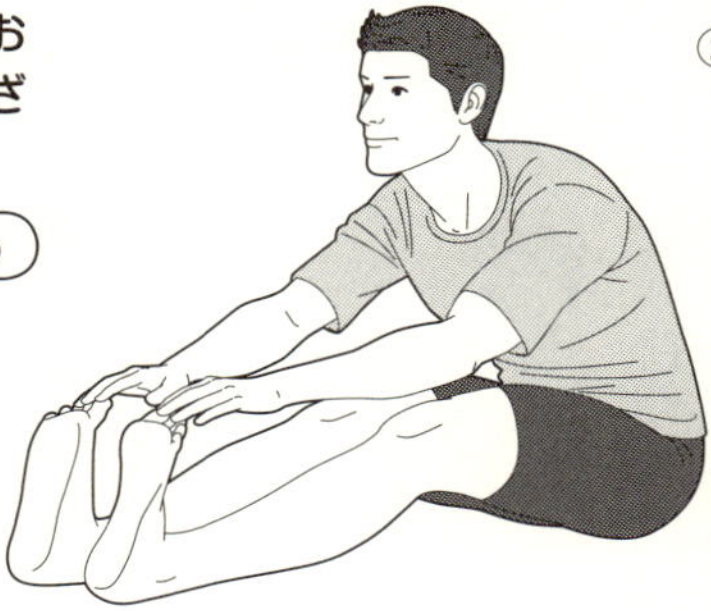

③

背すじを伸ばしてお尻を突き出し、ひざも伸ばす

→太ももの裏が伸びる

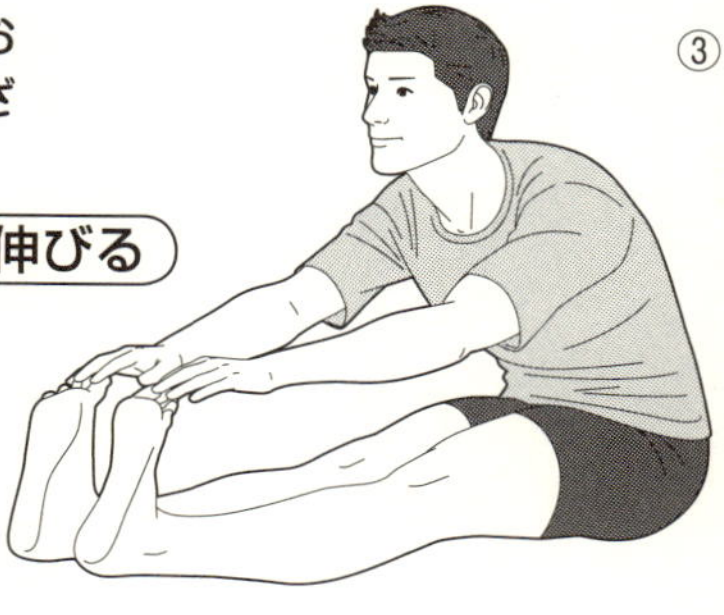

いないので、ひざは曲がっていても構いません（右ページイラスト②）。

ハムストリングスは骨盤と腓骨と脛骨に付着しているので、大殿筋のストレッチと同じ形を取りながら、ひざを伸ばすことで最もストレッチされた状態がつくられます（右ページイラスト③）。

このように、**本当に伸ばしたいと思ったら筋肉の構造や働きを一つ一つ覚える必要があります**。ですが、正しいストレッチの形をつくることは、容易なことではありません。後ほど本書の第5章で紹介するストレッチは、すべて伸ばすべき筋肉の付着部を考慮し、最も伸びるフォームとなるようにデザインされていますので、ご安心ください。

ここを改善！ 体を大きく動かしても効いてるわけじゃない

ストレッチのウソ？　ホント？

食べ過ぎは柔軟性を失わせる

柔軟性を決める最も大きな要因は運動不足によって筋肉が硬くなることですが、意外なところで、食べ過ぎも影響します。

その理由の一つは、食べ過ぎて太ることで体脂肪が増え、関節の動きを制限すること。例えば、太り過ぎたお腹が邪魔をして前屈をすることが難しくなります。皆さんの周囲にも、太ってしまい、足の爪が切りにくい、靴の紐が結びにくいという人がいることでしょう。

ただし、太っていてもしっかりストレッチをすれば柔軟性は維持あるいは向上できます。「お相撲さんは自分のお尻が拭けない」というのはあくまでも都市伝説。彼らは稽古の中でしっかりストレッチをしていますから、柔軟性は高く、そんなことはありません。

意外なことですが、食べ過ぎることで筋肉そのものが硬くなってしまいます。

食事を摂ると血糖値（血液中のブドウ糖の量）が上昇。食べる量が多かったり、四六時中食べていると、血糖値が常に高い状態になります。

この糖分は体のエネルギーになる大変重要な栄養素ですが、多過ぎると体の様々な組織、器官、細胞と結びついて、その機能を鈍らせる「糖化」という現象が起きます。

糖化は筋肉にも起こり、筋肉内や筋肉の膜などのコラーゲンを硬くし、筋肉の柔軟性を奪ってしまうのです。

糖化が起きて柔軟性が低下したら、食事量を減らしてストレッチをしっかり行えば、柔軟性は回復します。

第２章

体の硬さを嘆く前に、自分の体を知るのが先！

―筋肉と関節を制するものが、ストレッチを制す―

「体が硬いけど、まあいいか」がいちばん危険！

筋力や持久力に比べて、柔軟性がないからと危機感を覚える人は少ないかもしれません。

「体が硬いけど、まあいいや」

それぐらいの認識の方が多いでしょう。

けれど、**体が硬いことで生じる不都合がじつはたくさんあります**。第3章で詳しくご説明しますが、疲れやすい、腰痛や肩こりに悩んでいる、姿勢が悪い、つまずきやすくなった……これらはすべて柔軟性の不足からくる影響です。

そもそも「体が硬い」とはどういう状態なのでしょうか。

体が硬いとは、すなわち腕や脚の関節を大きく動かせないということ。**柔軟性とは、関節というジョイントを軸にして、骨がどこまで動くか、を意味します。**

骨をより大きく動かすためには、筋肉の柔らかさが最も深く関係します。

サーカスの曲芸の達人でも、普通の人でも、骨や関節構造自体は変わりません。何が違うのかといえば、筋肉自体の伸び具合です。

筋肉が柔らかければ、骨を大きく動かすことができます。

ただし、**筋肉を形成する筋線維自体は、運動不足や加齢によってそれほど硬くなるものではありません。**

筋肉の間にはコラーゲンがあり、和牛のサシのような状態で筋線維の間に入っています。筋肉を覆っている筋膜もコラーゲンでできています。

筋肉の柔らかさが失われるとは、それらのコラーゲンが硬くなることを意味します。

コラーゲンは、動かさなければ徐々に硬くなってしまうのです。

体が硬くなる原因には五十肩や椎間板ヘルニアなどの疾患や、生まれもった関節の構造自体なども関係はしますが、筋肉のコラーゲンが硬くなることがいちばん大きい要因なのです。

仕事、家事、余暇で活発な生活を送っていれば、あるいは週に1~2回でもスポーツをしたりフィットネスクラブに通ったりして体を動かしていれば、筋肉は柔らかいままキープできますが、体を動かさない生活が続くとだんだん硬くなっていきます。

さらに関節を動かさなくなると、今度は関節そのものが硬くなる「拘縮《こうしゅく》」という状態が起きます。

例えば骨折をした時に、折れた骨がくっつくまでギプスで数週間固定をした後に外すと、腕や脚がほとんど曲げ伸ばしできなくなります。これが拘縮です。

体を動かさない不活発な生活は、全身をゆるいギプス固定をするようなもの。徐々に全身の筋肉を硬くし、関節の可動域を狭めてしまうのです。

関節の拘縮が起きてしまうと、これを改善するのはかなり難しくなるので、早い段階で筋肉を柔らかくし、柔軟性を高める必要があります。

そのために必要なのがストレッチ。

ストレッチを行うことで筋肉が柔らかくなり、関節が大きく動くようになり、柔軟性が高まります。

ストレッチは柔軟性向上に特化した体力トレーニング

「なんとなく伸ばすと気持ちいい」
「運動不足を解消するため」

など、ストレッチを行う理由は人それぞれですが、**ストレッチで得られる最大の効果は「柔らかい体」すなわち、柔軟性を高めることができることにつきます。**

柔軟性は私たちが持っている体力の一つです。
体力にはストレスから心身を守る「防衛体力」と、体を動かすための「行動体力」とがあります。

行動体力には、体を強くあるいは速く動かす「筋肉の能力」、体を持続的に動かす「心肺系の能力」（持久力）、バランスを保つための平衡性など体をうまく動かすための「神経系の能力」があります。

そしてもう一つ、**「体を大きく動かすための能力」**が柔軟性です。

様々なスポーツ、体操、ダンスはもちろん、日常生活の動作でもそれらいくつかの体力が同時に発揮されます。したがって、どのような運動、動作を行っても、それらの体力を鍛える効果があります。

例えばボールを投げるためには、踏み込みのための下半身の筋力、片足で立てる平衡性、肩をしなるように動かすための柔軟性などが発揮されます。したがって、ボールを投げていればそれらの能力は刺激されますから、ある程度向上させることが期待できます。

ただこの場合、焦点が絞られていないため、それぞれの体力に対する刺激が小さく、効率よくその能力を伸ばすことができません。そのため、**特定の体力に的を絞って強調して行うことで、効率よくそれぞれの能力を高める必要があります。**

それがいわゆる、体力トレーニングといわれるものです。

筋力に的を絞ったトレーニングが「筋力トレーニング」。心肺系に的を絞ったのが「有酸素トレーニング」。そして**柔軟性に的を絞ったトレーニングが「ストレッチ」**になります。

「生まれつき体が硬い」は本当か？

パフォーマンス向上を求めるアスリート、肩こりを軽くしたい若い女性、姿勢改善を求める中高年男性……。様々な皆さんにストレッチのご指導をさせていただく中で、

「僕は生まれつき体が硬いから……」
「私の家は親も兄弟も体が硬い体質だから」

と、体の硬さが生まれつき、遺伝的なものであるとあきらめに近い声をよくうかがいます。

しかし、**生まれながらに体が硬い人はいません**。

私たちはもともと非常に柔軟性に富んだ体を持って生まれます。生後数か月の乳児は

誰でも、寝たまま足の指をくわえることができます。導けば両足の指をくわえることさえ難なくこなします。

縦抱きで抱っこされる時には皆、股関節を180度近く開いていますし、肩を外側に大きくひねった形で寝ることさえ容易です。

赤ちゃんは筋力や持久力、バランス感覚（平衡性）などは大人と比べると極端に低いのですが、柔軟性には非常に優れているのです。これは身近に乳幼児がいる、または、いた方なら実感できることでしょう。

このように柔軟性に富んだ体を持って生まれても、その後、**小学生、中学生と成長するにしたがって、柔軟性に少しずつ差が生まれてきます**。特に大人になって社会に出るとその差は大きくなります。

すなわち、柔軟性の優劣は生まれながらのものではなく、日頃の生活の姿勢、運動量の差、スポーツ参加の有無など、後天的な要素によって大きく変わってくるということです。

簡単にいえば、柔軟性を発揮する機会が少なかったために、必要性のない機能が失われていったに過ぎません。

学生時代は、まだ体育や課外活動などで体を動かす機会が多くあります。

ですが、現代社会では、仕事でも家事でも体を活発に使うことがなく、イスに座ったまま、同じ姿勢を続ける時間が極端に長いために、筋力や持久力同様に、柔軟性が失われていくのです。

たしかに**遺伝的に変えがたい要素も存在します**。

平均して女性は、筋力、持久力、バランス（平衡性）などは男性に劣りますが、柔軟性は高いものです。これは**女性ホルモンにコラーゲンを柔らかくする働きがある**からです。

また**男女では関節の構造も異なります**。

肩関節や股関節は骨の頭がボール状になっており、お椀のような受け口に収まっていて、ボールが転がるように関節が動きます。女性は男性と比較してお椀部分が小さく、受け口に浅く収まっているので大きく動きます。

こういった男女差は大きな頭（脳）を持った赤ちゃんを、母子ともに安全に出産するために備わった機能であるといえます。

とはいえ、運動不足によって体が硬くなり、男性の平均を大きく下回る女性もいますし、逆にストレッチをしっかり行うことで、女性が驚くほど柔らかい男性もいます。持って生まれた差は、嘆き、あきらめるほどには大きくありません。

アスリートでもストレッチを怠れば柔軟性は低下しますし、高齢者でもストレッチを十分に行っていれば柔軟性は維持、あるいは向上できるのです。わずかな個人差を嘆いたり言い訳にせず、まずストレッチを「やること」が肝心です。そうすれば誰でも必ず柔らかくなります。

ほとんどの人はストレッチの時間が短かすぎる！

「ストレッチをしているのに全然柔らかくならない」

これもまた、フィットネス、スポーツなどの現場でクライアントや選手の皆さんからよく相談されることです。

ストレッチの最大の目的、効果は柔軟性を高めることにありますから、ストレッチをやっても結果が出ないというのは、おかしな話です。

でもその謎の答えは極めてシンプル。

そういった皆さんの大半は**ストレッチをやるにはやっていますが、ごく短時間しか行っていません**。筋トレやランニング、スポーツの練習に1時間や2時間、たっぷり時間をかけているのに、ストレッチには5分から、せいぜい10分程度と1割かそれにも満たない時間しか割いていないのです。

たしかにストレッチをやってはいても、筋トレ1時間に対して、ストレッチ5分。野球を2時間に対して、ストレッチ10分……。これでは効果が出るはずもありません。

ストレッチはしているけど柔らかくならないとお嘆きの方は、**筋トレや有酸素運動、スポーツにかける時間のせめて2〜3割は時間をかけて、ストレッチしてみてください。**

興味深いことに、フィットネスクラブを見渡してみると、筋トレやランニングをガンガンやっている人ほどストレッチを疎《おろそ》かにする傾向があります。

筋トレをヘトヘトになるまで、ランニングをフラフラになるまでやって、しかしストレッチをほとんど、あるいは全くやらない人がいるのに驚かされます。そういった方に限って、「体が重い」とか、「腰が痛い」とか、常に体の不調を訴えています。

筋肉を太く強くし基礎代謝を上げる筋トレにしても、持久力を高めエネルギー消費を増やす有酸素運動にしても、トレーニングには必ず疲労をともないます。そしてこの疲労を克服しようとして、筋肉や心肺機能が向上します。

しかし、柔軟性を高めるストレッチは、唯一疲労を起こさないトレーニング。むしろ**疲労を予防したり、疲労回復を促進したり、ケアとしての効果**さえあります。

サッカーや野球などのスポーツ界においても、ストレッチを疎かにしている人はケガが多く、選手生命も短いものです。逆にケガが少なく、長い年月高いパフォーマンスを維持しているトップアスリートになると、運動前後だけでなく、自宅でもしっかりストレッチをしています。

例えば日本の最年長ストライカーの「カズ」こと三浦和良選手は、今でも厳しい練習やトレーニングをしています。と同時に練習の前後、そして合間に数回、しっかりストレッチを行い体のケアを怠りません。

ストレッチは疲労をつくるどころか和らげるトレーニングですし、実施中に最もケガをしにくい安全性の高いトレーニングです。特別な道具も必要なく、テレビを見ながらでもできてしまうのですから、ぜひ積極的に取り入れていただきたいと思います。

まずは「柔軟性チェックテスト」で現状を知る

実際のストレッチを行う前に、現状把握として「柔軟性チェックテスト」をしてみましょう。

テストは4つ行い、その総合点で評価します。評価が低くても悲観する必要はありません。ストレッチを継続的に行えば少しずつ柔軟性は必ず向上しますので、気楽な気持ちで試してみてください。

ただし、注意点が3つあります。

・肩関節脱臼、腰椎椎間板ヘルニア、変形性膝関節症など、整形外科系の疾患をお持ちの方は医師と相談の上、行ってください。
・関節や筋肉に違和感あるいは痛み覚える動きは、決して行わないでください。
・お風呂上がり、ウォーキングをした後など、体が温まった状態で行ってください。

このレベル判定は、第5章に紹介している「柔軟性向上ルーティンストレッチ」を行う際の基準になります。

また月に一度程度実施して、柔軟性の進捗チェックにも利用してください。

では、始めてみましょう。

テスト1

しゃがみ込みテスト

足首（ふくらはぎ）の柔軟性チェック

〈チェック方法〉

1 足を腰幅（15～20cm程度）に開いて、つま先を前方に向けて立つ。転倒防止のために壁を後ろにし、壁とかかとの間にクッションを置くといい。

〈注意点〉

・ひざに疾患がある場合は行わない。
・つま先あるいはかかとが浮いてバランスが崩れてしまうようであれば、無理をしないで立ちあがる。

3 2の動きができたら、手を背中の後ろに組んで同様に行う。

2 まず両腕を前方に伸ばして、かかとを床につけたまましゃがんでいく。

〈診断結果〉

・手を背中の後ろで組んでもできる・・・2点
・手を前方に伸ばせばできる・・・・・・1点
・手を前方に伸ばしてもできない・・・・0点

テスト2

片足伸ばし前屈テスト

体幹（腰、お尻）と太もも（もも裏）の柔軟性チェック

〈チェック方法〉

1 床に座り、右脚を前方に伸ばし、左脚はひざを曲げて外側に開く。

〈注意点〉

・腰椎椎間板ヘルニアなどがあり、前屈で腰が痛む、あるいは違和感を覚える場合は行わない。
・勢いをつけずにゆっくりと前屈していく。

2

腕をつま先に向けて伸ばし、両手でつま先をつかんで３秒静止する。前に出したひざは曲げずに行う。

3

左右の脚を変えて、同様に行う。

〈診断結果〉

・左右とも、つま先をつかむことができる・・・・2点
・左右どちらかは、つま先をつかむことができる・1点
・左右とも、つま先をつかむことができない・・・0点

テスト3

体幹（お腹）の柔軟性チェック

上体反らしテスト

〈チェック方法〉

1 床にうつ伏せになって両ひじを曲げ、手を額の横に置いて脇をしめ、床に置く。

〈注意点〉

・腰に疾患がある場合（疾患がなくとも、上体を反らすと腰に違和感や痛みを覚える場合）は行わない。
・3では手が前方にすべらないように注意する。

2

ひじから下を床に着けたまま上体を反らす。脇を締め、ひじは肩の真下にくる。

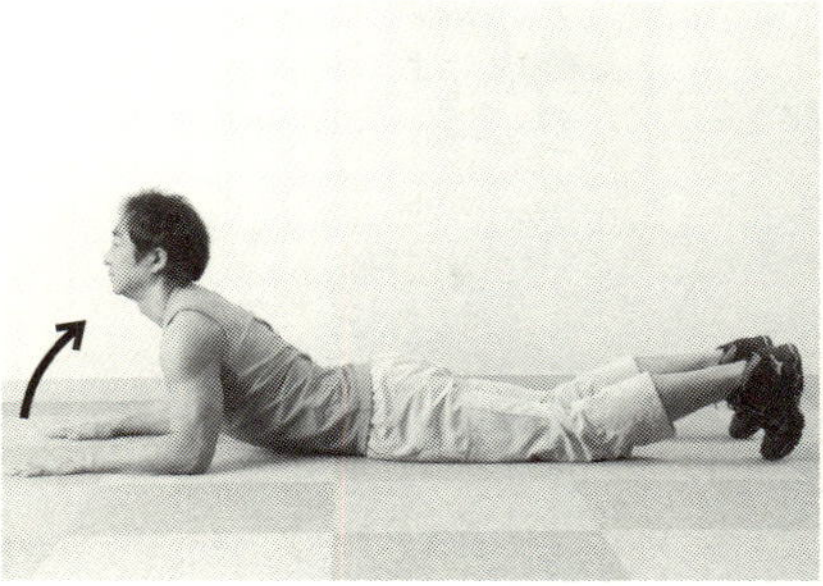

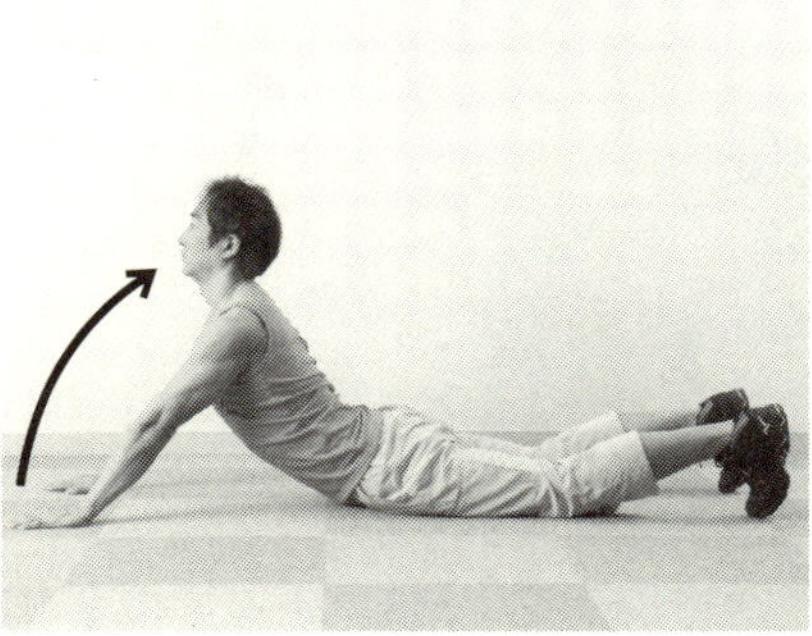

3

2ができたら、両ひじを伸ばして上体を反らす。手の位置は２と同じで肩よりも前方に置いたまま行う。

〈診断結果〉

・両ひじを伸ばして上体を反らせる・・・・・・・2点
・ひじを床に着けたままであれば上体を反らせる・1点
・ひじを床に着けたままでも上体を反らせない・・0点

テスト4

腕上げテスト

上半身（肩周囲）の柔軟性チェック

〈チェック方法〉

1 鏡の前に立ち、足を肩幅に開いて、右腕を頭上に上げてひじを曲げ、脱力する。

〈注意点〉

・脱臼ぐせがある、五十肩など肩の疾患がある場合は行わない。
・あごを引くと気道が狭くなるので、引き過ぎないようにする。

3 左右の腕を変えて、同様に行う。

2 左手で右ひじをつかみ、あごを引いてひじを内側に向けて引く。上体は傾けない。

〈診断結果〉

・左右とも、ひじが肩よりも内側に入る・・・・・2点
・左右どちらかは、ひじが肩よりも内側に入る・・1点
・左右とも、ひじが肩よりも内側に入らない・・・0点

〈総合評価〉

●男性

6～8点・・・非常に優れている⇒柔軟性年齢 20才

5点・・・・・優れている⇒柔軟性年齢 30才

4点・・・・・やや優れている⇒柔軟性年齢 40才

3点・・・・・普通⇒柔軟性年齢 50才

1～2点・・・劣っている⇒柔軟性年齢 60才

0点・・・・・非常に劣っている⇒柔軟性年齢 70才

●女性

8点・・・・・非常に優れている⇒柔軟性年齢 20才

7点・・・・・優れている⇒柔軟性年齢 30才

6点・・・・・やや優れている⇒柔軟性年齢 40才

5点・・・・・普通⇒柔軟性年齢 50才

3～4点・・・劣っている⇒柔軟性年齢 60才

0～2点・・・非常に劣っている⇒柔軟性年齢 70才

筋肉ムキムキの人は体が硬い？

筋肉が発達して太くなると硬くなっていき、関節の動きが悪くなる――。スポーツの現場でも、そう思って筋トレを避けている指導者や選手も少なくありません。

しかしこれは全くの誤解。基本的に「筋肉がどれだけ強い力を発揮できるかという筋力」と「筋肉がどれだけ伸長することができるかという柔軟性」は全く別物です。

筋トレで筋肉がついたから、太くなったからといって柔軟性が失われるわけではなく、逆に筋肉がなくなったから、細くなったからといって柔軟性が高まるわけではありません。

また、運動不足で筋肉が細くなるとともに柔軟性が失われることはあっても、筋トレが柔軟性を低下させる直接の原因とはなりません。

筋力と柔軟性が両立できるのは、筋肉ムキムキでありながら180度開脚を難なくこなす男子体操選手や、肩をグルグル回すことができる水泳選手を見れば明らかです。

そもそも筋トレは筋肉を使って関節を大きく動かすわけですから、それ自体にストレッチとしての側面もあります。

ただし、過剰に筋肉がついた場合は柔軟性を低下させる可能性があります。関節を大きく動かそうとしても、筋肉と筋肉同士がぶつかり合ってしまうためです。

しかし、このようになるまで筋肉をつけることはボディビルダーなど、例外中の例外。「柔軟性を失うかも」と心配をして、筋トレを躊躇する必要は全くありません。

第３章

あなたにストレッチが必要な９つの理由

―柔軟性に乏しい体は、じつはこんなにコワイ！―

ちょっと動くとすぐ疲れる。なぜか?

本章では、あらためて柔軟性を身につけることで得られる効果、メリットについて詳しくご説明します。体が柔らかいと、次のような心身に有益なたくさんの効果があります。

まず柔軟性がアップすると、同じ動きをしても疲れにくくなります。

持久力が向上する、と言い換えてもよいでしょう。ストレッチで直接心臓や肺が強くなるわけではありませんが、**無駄なエネルギーを使わなくなる、つまり体の効率がよくなるのです。**

私たちは体を動かす時に、筋肉を収縮させるわけですが、その筋肉と反対の働きをする筋肉（拮抗筋）が硬いとこれが抵抗になってしまうので、より大きな力を出さなければなりません。

例えば体の硬いＡさんと体の柔らかいＢさんが、ラインダンスをして同じ高さまで脚の振り上げを繰り返したとします。２人の筋力と持久力は同じです。

脚を引き上げる時には、股関節の前面にある筋肉＝腸腰筋《ちょうようきん》や太ももの前にある筋肉＝大腿直筋《だいたいちょっきん》などの筋肉が収縮します。そしてこの時、逆の働きをするお尻の筋肉＝大殿筋、もも裏の筋肉＝ハムストリングスなどが引き伸ばされます。

脚を上げる位置がひざ程度と低ければ、大殿筋やハムストリングスはあまり伸ばされません。したがって抵抗が小さいため、２人が消費するエネルギーはそれほど変わらないし、感じる疲れも同じです。

しかし、脚を上げる位置を高く設定するほど、体が硬いＡさんは**大殿筋やハムストリングスが抵抗となって邪魔**をしますから、Ｂさんよりも余分にエネルギーを消費してしまいます。**持久力が同じにもかかわらず、早くバテることになるのです。**

このように同じ動きをしても体が硬いと疲れやすく、逆に体を柔らかくすると疲れにくくなるというわけです。

これは極端な例ですが、体が硬いと日常生活において、物を拾い上げる、つり革を持つ、床に座る、といった**様々な場面で余分な力を使わなければならず、その分、疲労しやすいのです**。これは、腕や脚などを大きく動かすスポーツにおいては、さらに顕著です。体が硬いと疲れやすいので、スポーツでは圧倒的に不利になります。

日常生活やスポーツで体が疲れやすい。そう感じているなら、原因の一つは柔軟性不足によるかもしれません。

ストレッチで体を柔らかくしてください。柔軟性が高まれば、体を動かす時の抵抗が小さくなり、より少ないエネルギーで体を動かすことができるようになります。

体の硬いAさんと、柔らかいBさんはどこが違う？

体の硬いAさん

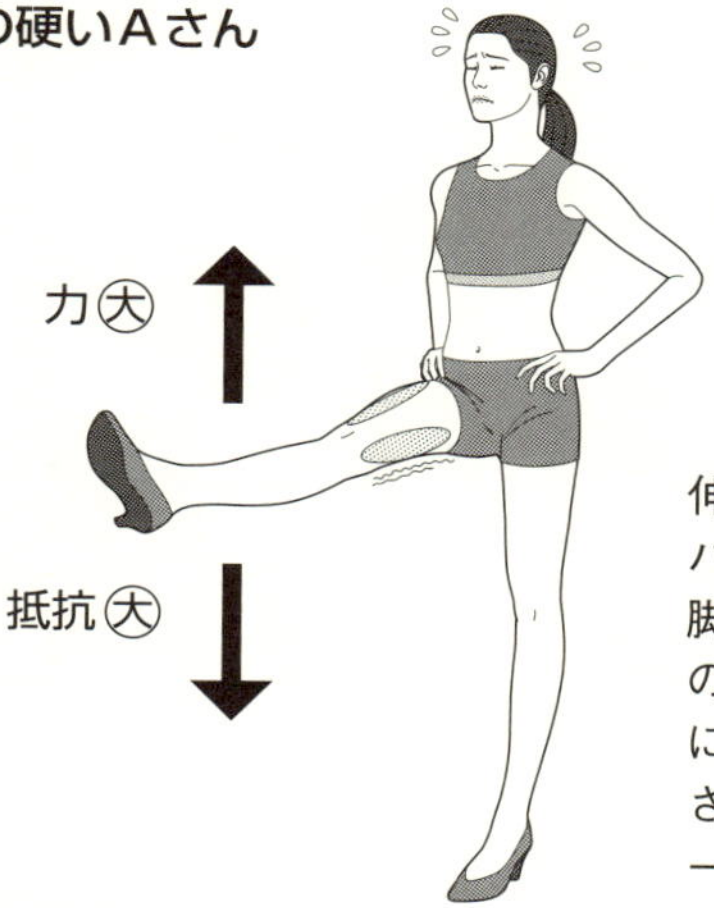

伸びにくい大殿筋やハムストリングスが、脚を引き上げる動きの邪魔をする。抵抗に逆らう分だけ、Bさん以上にエネルギーが必要となる。

体の柔らかいBさん

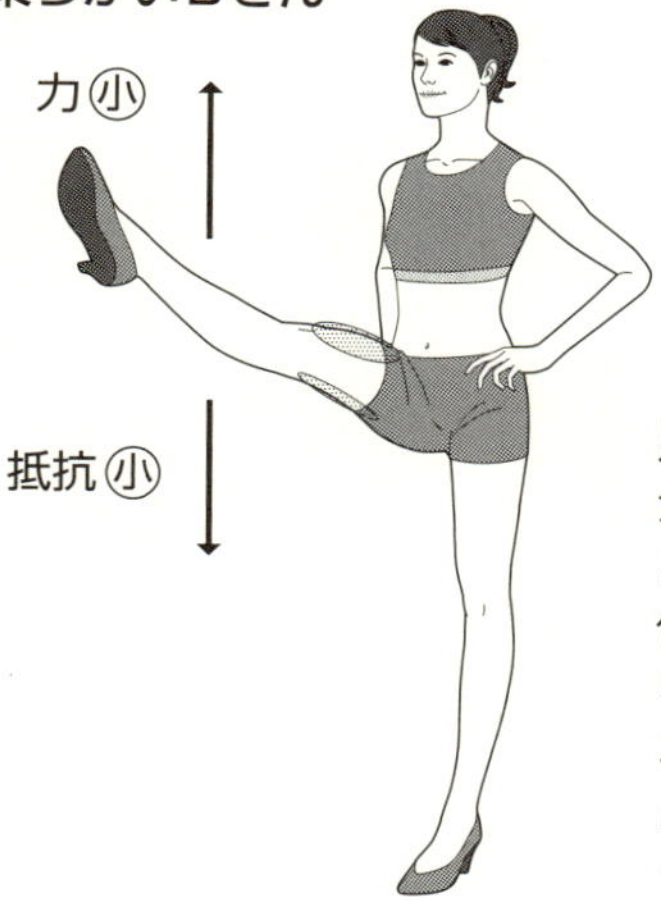

足を引き上げる時に、大殿筋やハムストリングスがしなやかに伸びるため、抵抗にならない。その結果、エネルギー消費が抑えられるのでバテにくい。

ただ休息するだけではとれない疲労の正体

前述したように、ストレッチの大きな目的、効果は疲労を和らげ、回復を促すことにあります。ただし**疲労には2種類**あって、その対処法もそれによって異なりますので、ここで疲労について少し詳しくお話ししておきたいと思います。

現代は家事や仕事においても、それ以外の生活においても、すべてが便利になり、ずいぶん楽な生活をしています。しかし、疲れを感じる人、体のだるさを訴える人が一向に減らないのはなぜでしょうか？

現代以前に人々が抱えていた疲労は、今の疲労とは異なります。仕事や家事も、つまり田植えも稲刈りも、水汲みも炊事もすべて重労働ですから、筋肉を動かすためにたくさんのエネルギーを消費しました。

この結果、体内にためているエネルギー源が減り、疲労物質がたまり、また筋肉や神経が損傷することで疲労が起こります。このような疲労を「**動的疲労**」といいます。

これに対し、現代人は立ったまま、座ったまま、という同一姿勢を保つことが多くなり、エネルギーはあまり消費しません。しかし**低強度であっても長時間同じ姿勢を保つと、筋肉が一定の長さを保ったまま緊張するために血行が阻害され疲労物質がたまり、酸素や栄養が不足します**。これが現代人が抱く「**静的疲労**」のメカニズムです。

いずれの疲労を解消するのにも最適なのが、ストレッチだといえます。

静的疲労を解消するためには、体を休めたり、昼寝をしてジッとしている「消極的休養」をとるよりも、軽く体を動かす「積極的休養」を行うほうが効果的だからです。

体を動かすことで、筋肉を伸び縮みさせ、筋肉の間を通る血管を押し戻しすることで血行が促進されます。すると疲労物質が除去され、酸素と栄養素が運ばれ、組織が回復します。

積極的休養としてはゆっくりとしたウォーキングや自転車に乗る程度の軽い運動が効果的ですが、仕事中、勉強中、家事や育児をしながらこれらを行うのは現実的ではありません。

そこで、ストレッチを取り入れるのをおすすめします。

疲れやすい首、肩、腰、ふくらはぎなどの筋肉を、まず静的ストレッチでしっかり伸ばして緊張を取ります。そして次にそれらの筋肉を、ゆっくり大きく伸び縮みさせる動的ストレッチで血行を促します。

この場合、メインになるのは動的ストレッチです。

もちろん、肉体を酷使する仕事に携わっている人、スポーツを日常的に行っている人などで動的疲労が強い場合も、ストレッチは効果的です。

ただし、この場合は動的ストレッチよりも、筋肉の緊張を和らげる静的ストレッチを多く行い、その後に消極的休養を取って筋肉を休めます。

静的疲労であっても動的疲労であっても、回復のために適切なタイミングは、強い疲労を感じる前に予防的に休養することです。少なくとも1時間に1回、できれば30分に1回仕事や作業を休止して、その部位の静的ストレッチ、動的ストレッチを行いましょう。

股関節がかたいと、服の脱ぎ着さえ、つらくなることもある！

柔軟性が高いことで得られる恩恵には、「できる動作が増える」ということも挙げられます。**日常生活では柔軟性が高くないと、うまくできない動作が意外と存在する**のです。

例えば階段昇りです。

階段を上がるためにはお尻やももの筋力も大切ですが、股関節の柔軟性も大きく関わっています。股関節周りの筋肉の柔軟性が失われると、ひざを高く上げることができず、階段を上がるのが難しくなります。

一段抜かしで昇ろうと思えば、なおさらです。股関節が柔らかければ、階段昇り、一段抜かしは容易になります。

体が硬いと日常動作が困難に…

肩周りの柔軟性が低下すると、腕を上げるのにも一苦労。高い所にある物を何とか取ろうとして、肩や背中の筋肉を痛めることも。

肩や股関節などの柔軟性が低下すると、衣服を着る、脱ぐといった単純な動作さえ困難。

階段昇りだけでなく10代、20代では難なくできたことが、柔軟性の低下によって難しくなっていきます。**もも裏が硬くなると前屈姿勢がつらくなるので、爪を切ったり、靴下を履くのさえも大変**になります。

肩関節が硬くなると、網棚などの高いところに手が届かなくなったり、自分の手で背中をかける範囲が狭くなったり、セーター類やジャケットなどを脱いだり着たりするのがつらくなるなど、たくさんの不具合が出てきます。

できない動作が増えると、二次的に2つの困ったことが起きてきます。

一つは**低下した柔軟性のためにできなくなった動作を補おうとして、本来は行われないはずの動き、「代償動作」が起きます。**

例えば肩関節が硬くなって腕を高く上げることが困難になると、肩をすくめたり、体を横に曲げたりといった、代償動作によって何とか手の位置を高くしようとするのです。すると、肩をすくめるときに働く僧帽筋、体を横に曲げる脊柱起立筋などが疲労して、肩こりや腰痛の原因になります。

もう一つは、**できる動きが制限されると、体を活発に動かさなくなるので、自ずと運動量が低下しやすくなることです。硬くてできないからやらない、やらないからさらに硬くなる、という負のスパイラルに陥る**のです。

これが体にエネルギーが余ることによって起こる「メタボリック・シンドローム」につながったり、筋肉や関節などの機能が低下して起こる「ロコモティブ・シンドローム」にもつながることになります。

ストレッチによって柔軟性を保つことができれば、日常生活でできる動作は増え、活発な生活が可能となります。

柔軟性が重要なのは、スポーツの世界においてはより顕著です。スポーツでできる動作が増える、つまり技のバリエーションが豊富であることはパフォーマンス、勝ち負けに大きく影響するからです。

例えば空手やキックボクシングでは、股関節の柔軟性が高いと上段蹴り、かかと落としなどができるようになります。その分、**技の組み立てのバリエーションも多くなり、有利な攻撃が可能になります**。

ベースに片足をつけたまま捕球するケースが多い野球の一塁手は、脚が大きく開くほど、遠くのボールが捕れるので守備範囲が広がります。

サッカーも同様です。スウェーデン出身のサッカー選手、イブラヒモビッチ選手は、相手のキーパーどころか味方さえ予測しない、蹴れないであろうという位置にあるボールを蹴ってゴールを叩きこみます。彼は子供の頃、テコンドーという韓国空手をやっていたお蔭で、非常に股関節が柔らかいのです。

そのほか、フィギュアスケートやシンクロナイズドスイミングなど、芸術性の高いスポーツにおいては特に、柔軟性が高く、できる動作のバリエーションが高いことは大切な要素になります。

ギックリ腰に四十肩…なってから泣かない予防のススメ

「柔軟性が高いとケガをしにくくなる」とは、一般によくいわれていますが、これは紛れもない事実です。堅い木よりもしなる竹の方が折れにくい、綿でも伸びない繊維よりも伸びる繊維の方が破けにくいように、同じ物質でも柔軟性に優れているものの方が折れたり破れたりしにくくなります。柔軟性が高い筋肉や腱は損傷しにくいのです。

筋肉や腱は基本的にそのものが収縮する時に切れるのではなく、ほかの筋力や床から受ける反力、他人の力によって強制的に伸ばされた時に切れます。この時、**柔軟性が低い、つまり伸展する能力が低いと、切れる確率は高まります。**

20才以降、私たちの体力は放っておけば加齢にともなって徐々に低下します。柔軟性も例外ではありません。成人してから少しずつ柔軟性の低下は起こり（20代や

30代の前半には気づきにくくとも）、中高年になるとそれが日常生活で自覚できるほど顕著に表れます。

このため、中高年になると顔を洗おうと前かがみになっただけでギックリ腰になったり、くしゃみをしただけで背中を傷めたり、道で急に立ち止まっただけでアキレス腱を切る、ということが起こります。

柔軟性が高い10代、20代でこのようなことはまずありえません。

これまでの例は瞬間的な弱い力で起こるスポーツ外傷についてですが、**柔軟性が高いと、長期間の弱い刺激が原因で起こるスポーツ障害にもかかりにくくなります。**

筋や腱の柔軟性が低下してうまく伸びにくくなると、反対の筋肉が収縮して起こす動きに対して抵抗となり、より強い力で引っ張られることになります。すると、筋肉や腱、特にそれが骨とつながる付着部近くに炎症が起こります。

じつはこれと同じような経験は、多くの人が10代で経験しています。

女子で11〜14才頃、男子で13〜16才頃に身長が大きく伸びる第二伸長期が訪れます。この時期は骨が急激に伸びますが、筋肉の長さがこの成長に追いつけないため、相対的に柔軟性が低下しています。

そのため、この時期にはひざの下やかかとなど筋肉の付着部に炎症が起こります。これは成長期特有の障害なので、「成長痛」とも呼ばれています。

柔軟性は筋力や持久力同様、20才を過ぎてもトレーニング次第で維持、あるいは向上させることは十分できます。ストレッチによって柔軟性をキープしていれば、ギックリ腰やアキレス腱断裂という悲劇を避けることができるのです。

正しい姿勢のカギは柔軟性が握っている

また、柔軟性は姿勢にも大きくかかわっています。

布と骨組みで作られるテントをしっかりと真っ直ぐに張ろうとするなら、まずすべてのロープがしっかりした丈夫なものでなければならないでしょう。細い紐《ひも》では、少し風が吹いただけでグラついて壊れてしまいます。

そしてもう一つ。すべてのロープが同じ長さでなければなりません。1本だけ短ければそちらに傾いて歪《ゆが》んでしまい、不安定で倒れやすくなります。

私たちの体もテントと同じようなもの。**骨組み＝骨だけでは直立することはできず、ロープ＝筋肉が支えています**。

真っ直ぐに正しい姿勢に保とうとするとき、このロープの太さに相当するのが筋力です。グラグラだった赤ちゃんの頭が生後2か月程度で首の筋肉がしっかりしてきて「首が据わる」ように、筋力がついてくることで私たちの体は安定するのです。

そしてロープの長さに当たるのが、柔軟性です。私たちの体の前後、あるいは**左右の筋肉の柔軟性がアンバランスだと、硬い筋肉のほうに体が傾いて歪んでしまう**のです。

例えば、悪い姿勢の代表格である猫背。

現代はパソコンや携帯電話、ゲームなどの操作に費やす時間が長くなり、背中の丸まった猫背姿勢を保つことが多くなっています。この姿勢では、お腹にある腹直筋《ふくちょくきん》、胸にある大胸筋《だいきょうきん》などが縮んだ状態が続くことになります。

これを長期間続けると、その結果、どんどんこれらの筋肉の柔軟性が失われてきます。パソコンなどに向かっていない時であっても、**本人は背すじを真っ直ぐに伸ばしているつもりでも、短いロープのように硬くなった腹直筋や大胸筋が背骨を前方に傾けてしま**

うので、自ずと猫背になってしまうのです。

「姿勢」というのは、技術の一種です。

野球のピッチングでもサッカーのキックでも、技術は正しい動きを何十回、何十日も反復することによって習得されます。そして一度習得した技術は運動の中枢である小脳にインプットされ、定着することになります。

姿勢の習得、定着も全く同じメカニズムです。間違った姿勢を日々繰り返せば間違った姿勢が定着し、正しい姿勢を繰り返せば正しい姿勢が定着することになります。

ただし技術のベースになるのは、筋力や柔軟性などの体力。

例えば正しいピッチングを覚えようとしても、肩の柔軟性が低ければ、腕の動きは小さく、十分な成果が望めません。技術練習の反復と同時に、ストレッチによって肩の柔軟性を高めることが大切です。

姿勢と柔軟性には深い関係があった！

前かがみの姿勢を続けていると大胸筋や腹直筋が縮こまり、柔軟性が低下。体は硬いほうに引っ張られる習性があるため、いわゆる猫背が定着化してしまう。

技術の一種である姿勢においても、これを修正するには日常の中で意識的に正しい姿勢を保つ時間を長くすることが大切。けれど、いかにそうしようと思っても**お腹や胸の筋肉の柔軟性が低いと、徐々にそちら側に傾いてしまいます。**

そのため、同時にストレッチによって、硬くなってしまった筋肉の柔軟性を高める必要があるのです。

猫背を改善するには、意識的に背すじを伸ばしたよい姿勢をつくるとともに、そのベースとなる腹直筋や大胸筋の柔軟性をストレッチによって高めてあげなければなりません。

意識すれば改善する不良姿勢は「機能的不良姿勢」といって、前述のように正しい姿勢の反復とストレッチによって修正が可能です。

しかし、この機能的不良姿勢が何年何十年と続いてしまうと、骨の形、関節の構造自体が変化してしまう「構造的不良姿勢」というやっかいな状態に変わってしまいます。

例えば猫背を続けていると、背骨を構成する椎体《ついたい》という円柱上の骨が変形して、前につぶれていきます。

こうなると、もう意識やストレッチでは修正は不可能。医療の領域で、骨にセメントを入れるなどの特殊な外科手術によって骨の形を元に戻さない限り治りません。

取り返しがつかなくなる前に修正のきく段階で、しっかりストレッチによって機能的不良姿勢を改善しておきましょう。

力まかせより〝関節まかせ〟でゴルフも上達

「ゴルフの飛距離を伸ばしたい」

そんな時、多くの人はフォームの改造と筋力トレーニングで筋力、筋パワー（瞬発力）アップに励むことでしょう。

見落とされがちですが、それと同じくらい重要なのは、じつはストレッチで柔軟性を高めることです。柔軟性とスピードは一見関係ないように思われますが、事実、**柔軟性が高いとスピードが上がりやすくなります。**

柔軟性が高いということはすなわち、関節の動きが広がるということで、手先、足先が大きく動くことになるからです。

車でも電車でも、どんなに強い力を出しても停止の状態からいきなり時速１００キロの高速を出すことはできません。同じ力を出し続ける場合、等加速度運動が起こり、時速10キロ、時速20キロと、時間、移動距離に応じてスピードは徐々に上がっていくのです。

それは人間の動きにおいても同様です。

柔軟性が高いと関節の可動域が広くなるため、それだけ手足が移動する距離が大きくなります。それだけ力を伝える時間が長くなるので、スピードが速くなります。

野球のピッチャーで時速１５０キロ以上を投げる剛速球投手は、意外とムキムキではなく体の線が細い人が少なくありません。ただし、彼らの多くは身長が高く、そして柔軟性には優れています。

彼らは身長、手足が長く、さらに柔軟性が高いために、ボールにスピードを伝える指先の移動距離が長くとれます。そのため、ボールを高速で動かすことができるのです。

サッカーでは腰部や股関節が柔らかいと脚のテイクバックが大きくとれるので、ボールを蹴る速度は速まります。

水泳では足首が柔らかいと、それだけ水をかく時間が長く、押し出す水の量が多くなるので推進力は増し、スピードがアップします。

ゴルフも同様に柔軟性を身につけると飛距離が伸びます。

ゴルフで柔軟性が高くなると、股関節、腰を大きく回転させることができて、肩甲骨や肩関節を大きく動かすことができるので、同じ筋力であってもクラブに力を伝えて加速する時間が長くなります。結果、**インパクトの瞬間のヘッドスピードは速くなるというわけです**。

私が以前コンディショニングに携わったあるドラコン（ドライバーコンテスト）の選手は、筋肉量こそドラコン選手としては平均的でしたが、ストレッチを毎日1時間程度行っていたため股関節、腰、肩などの柔軟性がずば抜けていました。クラブヘッドがト

体が柔らかいと、ゴルフのスイングが変わってくる

柔軟性が高いとテイクバックが大きくとれる。結果、インパクトの瞬間のヘッドスピードがアップするので飛距離も伸びる（a）。体が硬いとその逆の現象が起き、競技において不利になる（b）。

ップからインパクトまで非常に長い距離を動くため、長年世界トップクラスの成績をおさめていました。

なにもこれはスポーツの世界だけではありません。日常生活でもスピードは大切な要素の一つです。

例えば、足の歩幅。

股関節周りの筋肉の柔軟性が低いと、自ずと歩幅は狭くなります。一般成人の歩幅は男性で80cm、女性で60cm程度ですが、柔軟性が低ければこの歩幅は狭まります。

高齢者の歩幅が狭くなる理由の一つは、まさに柔軟性の低下にあります。

若く柔軟性が高い人は歩幅、つまりストライドが広いので、いわばストライド歩行をします。

これに対して、柔軟性が低下して歩幅が狭まった高齢者は、これを補って歩くスピードを確保するために足の回転を速くしようとする。つまりピッチ歩行に切り替わります。

パタパタと急ぎ足で歩いているのに、実際にはスピードが遅い高齢者が多いのには、こういった理由があるのです。

ストレッチをして柔軟性を保つことができれば、何歳になってもストライドの広い、若々しい歩き方を続けることが可能です。

つまずきやすくなったら、柔軟性の低下を疑え！

年齢と柔軟性の関係について、もう少し詳しく解説したいと思います。

皆さんは「ロコモ」という言葉を聞いたことがあるでしょうか？

ロコモは略称で正式には「ロコモティブ・シンドローム」（運動器症候群）といいます。加齢にともなって運動器と呼ばれる骨、関節、筋肉などの病気や機能低下が起こると、姿勢が悪くなったり、歩行が困難になったり、つまずきやすくなったりします。つまずきにより骨折してしまうなどして、いずれ要支援、要介護となります。その一歩手前の状態がロコモです。

ちょうど生活習慣病にかかりやすくなっている状態を「メタボリック・シンドローム」と呼ぶのと同様。ロコモは、要支援・要介護予備軍と言い換えてもいいでしょう。

１９９０年代からの行政の強い働きによって、30代、40代の方々はメタボについての知識は深まり、意識も高まり、自分の問題として捉えている方が多いことでしょう。

しかし、ロコモはどうでしょうか？

「私はまだ若いから関係ない」「体の衰えなんか感じない」と思う方がほとんどではないでしょうか？

しかし、**骨密度や筋肉量、そして柔軟性の低下といった症状は急激に起こるのではなく、じつは20歳を過ぎた頃から徐々に、静かに起こっているのです。**

ただ、機械化と自動化が極端に進んだ便利な日本の現代社会では、仕事でも家事でも日常生活でも、体を活発に使う機会が極端に少ないため、その衰えを感じることがほとんどないに過ぎません。

電車では座席に座り、駅ではエスカレーター、会社ではエレベーターを使い、一日の大部分の時間を机に座ってパソコン作業を行い、家には食洗機も自動掃除機もある。
特に重い物を持ったり、手足を大きく動かす必要がないわけですから、よほど体力が低下していないと、それを自覚することすらできません。

こうして、関節や筋肉の老化を取り立てて意識することなく歳を重ねていき、やがて中年後期の50代、高齢初期の60代くらいになってから――立っているのがつらくなったり、早歩きで息が上がったり、つまずきやすくなったり、歩くことでひざや股関節に痛みが起きたり――ようやく運動器の衰えに気づくのです。

カフェなどで街中をながめる時、ご高齢者の歩く姿に目をとめてみてください。パタパタと早足で歩いているように見えないでしょうか?
これは、バランスの低下、脚筋力の低下、そして先程お伝えしたように股関節の柔軟性が低下したことによって歩幅が狭まり、それをカバーするために足の回転数を上げているからです。

また、足裏を引きずるように歩いていることにも気づきます。

これは背中が丸くなって重心が前方に移動することに加え、足首が硬くなってつま先を上げることができなくなるためです。

せわしなくパタパタと、足を引きずるように歩いていたら、どうしてもわずかな段差につまずきやすくなってしまいます。


残念ながら、**実際にロコモになってしまってからでは、なかなか大幅な回復は難しくなります**。

いつまでも自分の足でさっそうと歩いて、好きなことができる人生を目指したいもの。まだロコモの足音が静かな今のうちであれば、大丈夫です。バランス感覚や脚筋力とともに、ストレッチで足首や股関節の柔軟性を若々しく保つことで、ロコモとの距離は遠ざかっていきます。

ストレッチがもつリラックス効果は絶大

第1章で、ストレッチの二次的効果には、一部体脂肪を減らすことにつながるものがあるとお伝えしました。その答えを説明したいと思います。

ストレッチに関する記事や書籍の中には、「ストレッチで体脂肪を燃やす」とうたっているものがありますが、残念ながら直接的に体脂肪を減らすことにはつながりません。有酸素運動あるいはサッカーやバスケットなどのスポーツは、運動によって直接的にエネルギー消費量を増やします。

筋トレは筋肉を増やして基礎代謝を上げることで間接的にエネルギー消費量を増やします。これらはともに体脂肪を減らす効果が期待できます。

しかし先にお話ししたとおり、ストレッチで消費するエネルギー量は少なく、またそれによって筋肉を増やして代謝が上がることもありませんから、直接的にも間接的にも体脂肪を燃焼させる効果は期待できません。

しかしながら、ストレッチは体脂肪を減らしたい人にとって有効な運動です。

ただし、ダイエットとの関わりは右のような有酸素運動や筋トレのそれとは大きく異なります。**ストレッチがダイエットにも有効というのは、ストレッチによって得られる心理的なリラクセーション効果によるもの**です。

そもそも体脂肪が増える2大原因は、運動不足と過食です。

運動不足によって消費エネルギー量が減り、過食によって摂取エネルギー量が増える。あるいはその両方が起こることによって、摂取エネルギー量が消費エネルギー量を上回ります。すると、エネルギーの〝黒字〟状態が生まれ、その黒字分の大部分が体脂肪として蓄積されてしまうのです。

では、運動不足と過食、どちらの占めるウエイトが大きいかといえば、圧倒的に過食です。運動は頑張ってもせいぜい一日2時間800〜1000kcal程度の消費。食事は1食でこの程度のカロリーを摂取してしまいます。

ビュッフェで2時間も食べたり飲んだりしたら2000kcalを容易に超えることもあります。

現代は運動不足も問題ですが、それ以上に過食をしているから太っているという人が大部分なのです。

そして、その過食の大きな原因となっているのがじつはストレス。

職場や家族の人間関係など、多くの場合ストレスの直接的な解決、解消は容易なことではありません。そこで私たちはその代償として、何かしらの行動をとって快感を得てストレスを一時的に和らげようとします。

その代償として最も選択されやすい、一般的な方法が「食べること」です。食欲は動物の基本的な3大欲求の一つですし、食べて血糖値が上がると脳内の神経伝達物質であるセロトニンの分泌量が増え、快感を得ることができます。

実際、**過体重でダイエットを希望する方の多くは何かしらの強いストレスを抱えています**。こういった方は、運動や食事の指導をしても、このストレスの問題を解決しない限りダイエットは成功しません。一時的に解決しても、リバウンドしてしまうのです。

その**ストレスマネジメントの一つとして、手軽で効果的なのがストレッチ**。

ストレッチを楽な姿勢でじっくり行うと、ストレスを受けた興奮時に働く交感神経の働きが鎮まり、安静時に働く副交感神経の働きが強まるため、心身がリラックスし、穏やかな状態になります。ストレッチによってストレスが和らげば過食が収まり、これが体脂肪の減少につながるのです。

たかがむくみも、放っておけば命が危険!?

むくみは体型を気にする女性にとって大きな問題ですが、男性の方でも朝履いてきた靴が夕方窮屈に感じたり、デスクワークが終わって、足が張って重い、だるいと感じることがあるでしょう。ストレッチには、このむくみを解消する効果もあります。

心臓がギュッと収縮することによって、酸素と栄養を含んだ血液が全身へと送られるのですが、その勢いは徐々に弱まり、心臓から遠くなるほど血液は流れにくくなります。動脈の血圧は80~130mmHg前後あるわけですが、手足の末端にある毛細血管では10~30mmHg程度まで下がり、戻りの静脈内にいたっては1桁台までに低下してしまいます。血管、特に毛細血管からは血管を通過して血液の液体成分が染み出し、細胞周囲を満たす細胞間質液となります。

血液の循環がよいと、同じ量だけ細胞間質液から液体が血管に戻っていくのですが、

循環が悪いと、染み出す量だけが増えて、重力に引っ張られた水分がうまく元の血管に戻ることができなくなります。これが、むくみのメカニズムです。

立った状態では、心臓から最も遠いふくらはぎや足の血液の流れが最も悪いので、この部分にむくみが起こりやすくなります。

ちなみに、仰向けで寝ている場合は、地面に近い背中の細胞間質液が増えます。うつ伏せで寝ると顔がむくみやすいのも同じ理由です。

このようにして**重力の作用で滞留しやすい体液の流れをよくする働きをしているのが筋肉**です。筋肉が収縮と弛緩を繰り返すことで、筋肉内外の血管が揉みだされ、重力に逆らって血液が心臓に戻る手助けをしています。

すると、血管から染み出して細胞間に溢れていた体液は血管に戻りやすくなり、むくみが解消されます。

この筋肉の働きは、牛の乳を搾る様子に似ていることから**「ミルキング・アクション」**

と呼ばれています。

このミルキング・アクションで重要なのは、心臓から遠く、水分がたまりやすい下半身の筋肉です。「足は第二の心臓」と呼ばれるのにはこういった理由があります。

元々私たちの生活は労働（農耕、狩猟など）にしても家事にしても、体を動かす——特に、下半身を中心に筋肉を伸縮させること——が多かったため、ミルキング・アクションによって血液の循環は滞ることなく、むくみに悩むことはありませんでした。しかし現代社会では運動量そのものが極端に減り、じっと座りっぱなしの時間が増えたためむくみが起きやすい状況にあります。

むくみなんか大したことないと甘く見ていると、大変なことになります。

血管には血液が逆流しないように「弁」がついているのですが、下半身の血液の流れが滞って、静脈の血液が増えると、弁がその重さを支え切れなくなって壊れてしまうのです。残念ながらこの弁は、一度壊れると戻すことはできません。

美容的な意味だけではなく、健康面からもむくみは怖いもの。**むくみが起こるほど血液の循環が悪くなると、血液の塊であるプラークが生まれやすくなります。それが肺や心臓の細い血管を詰まらせてしまうと、肺塞栓や心筋梗塞を引き起こすことになりますから、命にかかわる大きな問題なのです。**

これを放置せず、解消するには歩いて筋肉を動かしてあげればいいのですが、仕事中や家庭内ではなかなか難しいでしょう。

そこで効果を発揮するのが動的ストレッチです。**椅子に座ったまま足踏み**をしたり、**貧乏ゆすりのようにかかとを上下に動かしてあげる**だけでも、むくみの解消に役立ちます。

ストレッチのウソ？　ホント？

筋肉は柔らかいほどよい？

柔軟性が高いとよいことがたくさんあるのですが、極端に柔軟性が高い場合には、困った問題が起きます。

関節の能力として大事なのは可動性、つまり柔軟性ですが、同じくらい重要なのは安定性（スタビリティー）です。

柔らかいとは、裏を返せば「ゆるい」こと。柔軟性が高いと安定性に欠けやすいのです。

筋肉が固いと関節の動く範囲が制限されますから、可動性は低いのですが安定性が高くなります。

逆に関節がゆるい場合は、可動性が高いものの安定性に乏しく、強い力が加わると脱臼しやすくなります。捻挫は脱臼手前、あるいは脱臼をしたものがすぐに元に戻った状態ですから、捻挫も同様です。

本章で「柔軟性が高い、つまり関節の可動性が高いとケガをしにくい」とお伝えしましたが、それは筋肉や腱のケガ、筋肉離れや腱断裂などについてです。極端に安定性に欠ける場合は筋力に乏しく、また靭帯がゆるいために、捻挫や脱臼など関節のケガのリスクはむしろ高くなります。

しかし、痛みを感じる手前で抑える適切なストレッチであればこのような心配は無用です。自分自身でストレッチをやったからといって、過度に関節がゆるくなることはないので、しっかりストレッチをしてあげましょう。

今現在、関節の不安定性を感じている方は、筋力トレーニングによって関節を安定させる努力が必要です。

第4章

最小努力で最大効果を得るストレッチの7大原則

―やった分だけ成果につなげるポーズ・回数・強度とは?―

今度こそ確実に効果が出る！　ストレッチの7大原則

ではこの章から実際のやり方について解説していきます。
最小努力で最大の効果を出すために、次のような7つの原則を覚えておきましょう。

原則1【回数とタイミング】体が冷えている時以外は、いつでも、何度でも
原則2【フォーム】関節に負担をかけない範囲で筋肉を最大に伸ばす
原則3【脱力】できるだけ重力を利用する
原則4【リラックス】リラックスできる環境で行う
原則5【呼吸】「吐きながらポーズをつくったらゆっくり一呼吸」を繰り返す
原則6【左右のバランス】硬い方は倍の時間行う
原則7【動的ストレッチ】静的ストレッチと動的ストレッチを組み合わせる

確実に効かせたいなら、体温に敏感になれ！——原則1

過ぎたるは及ばざるがごとし。

体力トレーニングは基本的にこれが当てはまり、やればやるほどよいわけではなく、適量が存在します。

筋トレでも有酸素運動でもトレーニングは疲労を招き、体がこれに適応しようとして筋力や持久力が向上します。ですから、体が適応しようとして起こる「回復」を待つ必要があります。

そうでないと、部分的な使い過ぎであるオーバーユース（使い過ぎ症候群）、あるいは全身の過疲労であるオーバートレーニング（俗にいうオーバーワーク）に陥り、かえって逆効果になります。

しかし、これまでお話をしているように、ストレッチは例外です。

トレーニングでありながら疲労を招くどころか疲労を軽減、解消する効果がありますから、毎日やってもいい。というよりは、**毎日やった方がよい唯一のトレーニングであるといえます。**

ストレッチを行うベストなタイミングは、筋肉が温まっていて、なおかつゆるんでいる状態にある**スポーツや有酸素運動などの運動を終えた20～30分後**、次いで、**お湯の温度が筋肉を高め、浮力が筋肉をゆるめてくれる入浴後**。

筋肉の温度が低いと、熱を産生して体温を上げようとして筋肉が緊張して伸ばしにくく、逆に筋温が高い時には筋肉がゆるんでいて伸ばしやすいからです。

ストレッチは一日1回、そのようなベストタイミングで行うだけでも十分効果がありますが、それ以外の時間でもやればやるほど効果があります。筋肉に痛みを感じない限りは、一日何回行ってもよいのです。

逆にいえば、**体温が高いタイミングがベストですが、ストレッチをやってはいけない、**

ダメなタイミングはほとんどないといえます。

筋トレや有酸素運動はエネルギーの消費量が多いので、血糖値が下がっている空腹時に行うと十分に能力を発揮できず非効率。また、筋肉の血液が減って内臓の血液量が増えて、内臓の働きが活発になっている食後に行うのも同様です。無理やり内臓の血液を筋肉に移動させることになるからです。

しかし、これもストレッチにはあてはまりません。

ストレッチはエネルギー消費量が少ないので、空腹時でも十分行えますし、食後の消化吸収を阻害することもないのです。

夜寝る前に体を動かすと、かえって興奮して寝付けなくなりそうなイメージがないでしょうか？

たしかに就寝前に筋トレや有酸素運動を行うと効率が悪いだけでなく、興奮時に働く交感神経を優位にして安静時に働く副交感神経の働きを悪くしてしまいます。その結果、眠りを浅くしてしまい、疲労回復や細胞の合成を阻害することにもなります。

しかし、**ストレッチはむしろ、就寝前も積極的に行いたい運動**です。それはストレッチに心身のリラクセーション効果があり、副交感神経の働きを優位にして眠りを誘い、疲労回復にプラスに働いてくれるからです。眠る前は体温が下がっていますから、それに合わせて引っ張る強さを弱める必要はありますが、寝る前のストレッチも心身にプラスに働きます。

例外は、極端に筋肉が冷えた起床後くらいです。

もちろん、他の運動同様に飲酒後や体調の優れない時は行ってはいけませんが、本当にいつやってもよいのがストレッチなのです。仕事中でも家事の途中でも、いつでも、どこでも行ってください。

狙った筋肉のベストポジションを追究せよ！──原則２

前述したように、ストレッチは文字通り筋肉を伸ばすという意味で、「関節を軸に骨が動く範囲＝関節可動域」を広げてあげることを目的に行います。そのためには、あたりまえのことですが、その筋肉がいちばん伸びた状態をつくってあげることです。

筋肉は１つまたは複数の関節をまたいで、基本的に骨にくっついています。この**付着部である両端が最も遠ざかったポジションをつくってあげれば、それがすなわちストレッチのベストポジション**です。

例えば上腕の前側にある上腕二頭筋のストレッチを考えてみましょう。

ここはひじを曲げる筋肉なので、ひじを伸ばすことで伸ばすことができます。しかし、ひじを伸ばしただけでは、この部位のストレッチ感を得ることはできません。

●上腕二頭筋のストレッチ

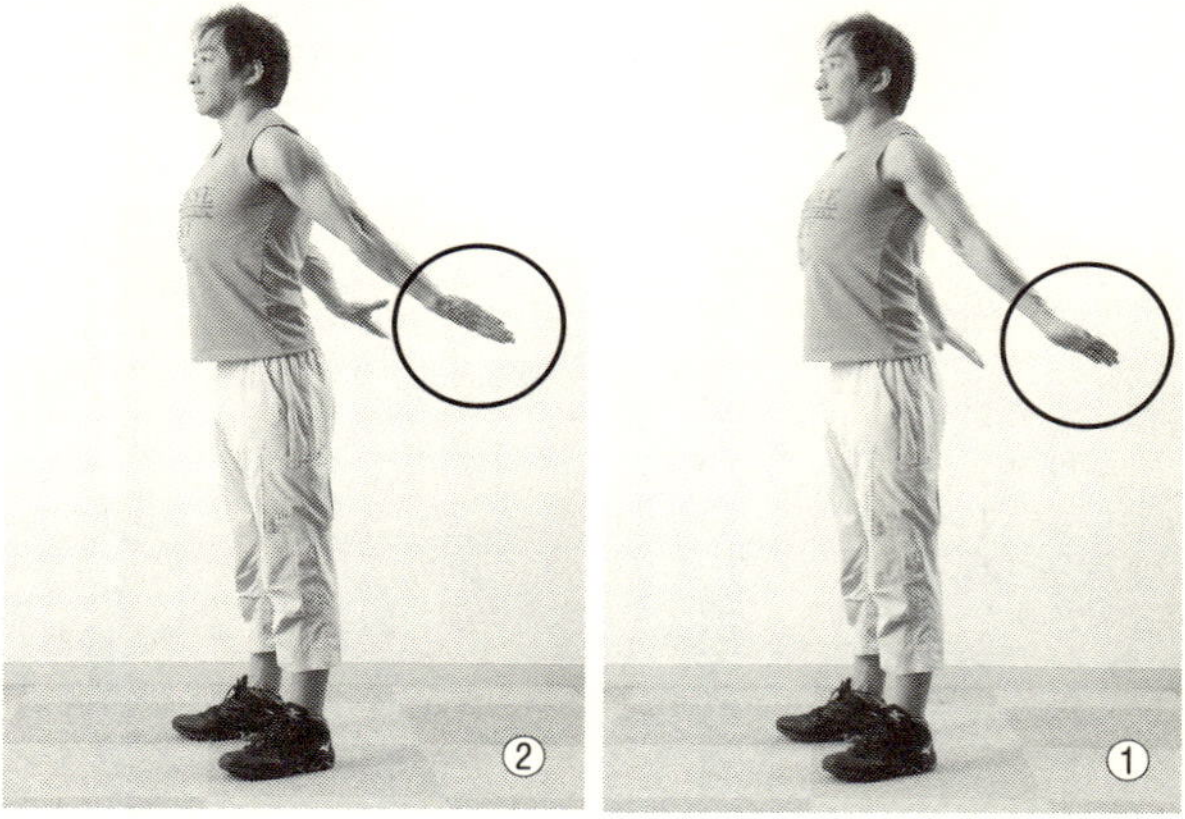

それは上腕二頭筋の付着部が、十分に遠ざかっていないからです。

上腕二頭筋の付着部の一端（起始）は上腕の骨（上腕骨）ではなく、肩関節をまたいで背中側の肩甲骨についています。このため上腕二頭筋はひじを曲げるだけではなく、腕を前に上げる（肩関節を屈曲する）働きもあります。

そこで、逆に腕を後方に引き上げる（肩関節を伸展する）と、強く上腕二頭筋がストレッチされます（写真①）。

また、上腕二頭筋のもう一端は、前腕部

●腰をひねるストレッチ

③

④

の内側にある尺骨《しゃっこつ》という小指側にある骨についていて、前腕を外側にひねる（回外する）働きがあります。なので、逆に前腕を内側にひねることで末端の付着部が遠ざかり、さらにストレッチされます（右ページ写真②）。

つまり上腕二頭筋の付着部を遠ざけて十分にストレッチするには、ひじを伸ばし、腕を後方に引き、手のひらが上または後ろを向くように手首をひねってあげればよいのです。

このように筋肉の**付着部を考慮してスト**

レッチする時、似たような動作でも伸ばす筋肉が大きく異なる場合があります。

例えば床に座って腰をひねるストレッチでは、ひねると同時に腰を反らすと、お腹にある腹斜筋（外腹斜筋・内腹斜筋）などが伸ばされます（前ページ写真③）。逆にひねると同時に背中を丸めると背骨周囲にある回旋筋などが伸ばされます（前ページ写真④）。

ストレッチをする際にもう一つ、**フォーム上で気をつけたいのは、関節に負担をかけないこと**です。

例えば、床に座ったままひざを曲げてももの前の大腿四頭筋を伸ばすストレッチ。この時、上体を真っ直ぐにしたまま行うとひざをひねることになり、ひざ関節の靱帯などに負担がかかります（次ページ写真①）。この場合、曲げるひざと反対側に上体を傾けることで、これを避けることができます（次ページ写真②）。

●大腿四頭筋を伸ばすストレッチ

✕

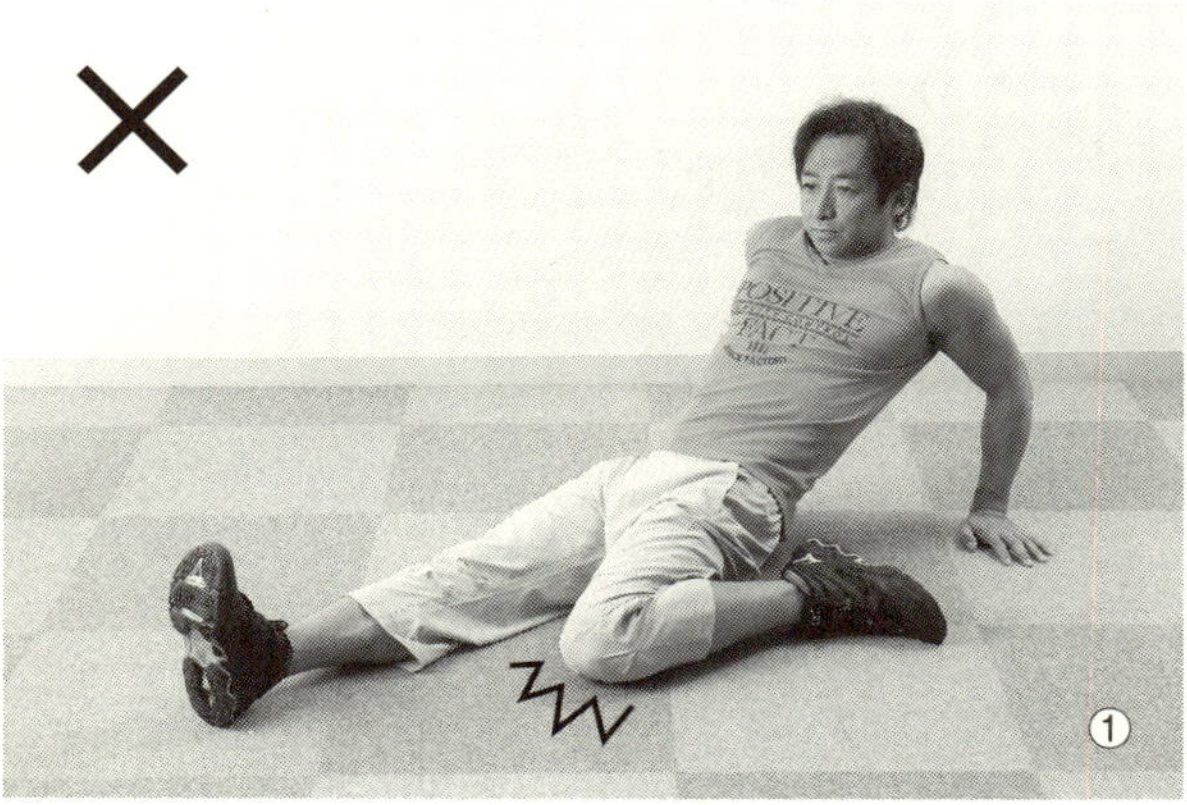

○

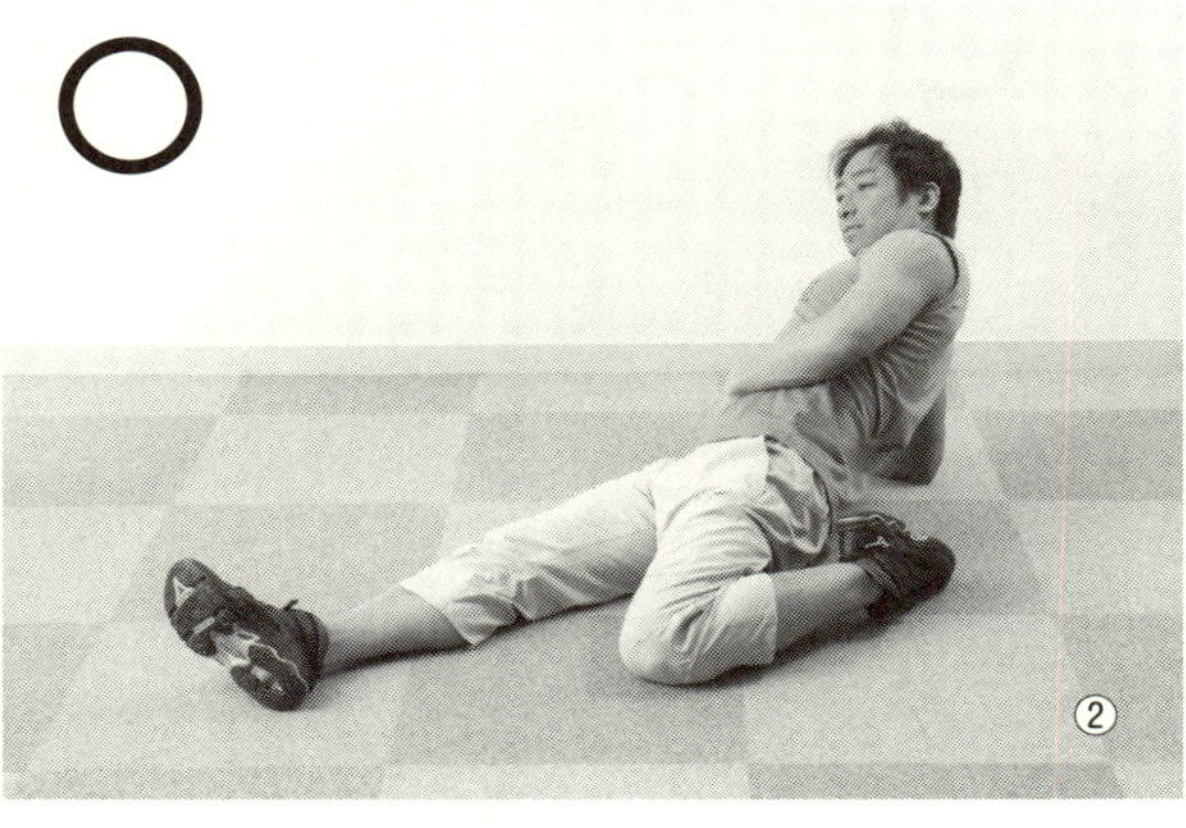

●広背筋を伸ばすストレッチ

×

○

また、床や壁に手をついておじぎをすることで背中の広背筋などを伸ばすストレッチでは、ひじを曲げてしまうと肩を外側にひねる力がかかって、やはり肩関節に負担がかかります（前ページ写真③）。このストレッチでは必ず腕を伸ばして行うことで安全が確保されます（前ページ写真④）。

このように、ストレッチでは筋肉を最大に伸ばしつつも、関節には負担をかけないことが重要なのです。

一人で頑張るより、重力を味方につける――原則3

前章でお話しした通り、**筋肉それ自体には収縮する能力しかありません。**ですから筋肉を伸ばすためには、他の力で引っ張る必要があります。

例えば、顔を下に向けると首の後ろ側の筋肉、頭板状筋《とうばんじょうきん》、僧帽筋《そうぼうきん》などが伸ばされますが、この時に収縮しているのは「反対側にある筋肉＝拮抗筋」である、首の前側の胸鎖乳突筋などです（次ページ写真①）。

また、胸の前で腕を交差する肩のストレッチ（次ページ写真②）では、肩にある三角筋という筋肉の後ろ側（後部線維）が伸ばされますが、その力を出しているのは反対側の腕にある上腕二頭筋などの筋肉です。

このように、**筋肉は他の力によって引っ張られることでストレッチされます。**

しかし、この時、伸ばされるべき筋肉に力が入ってしまっていると、綱引きのような状態になってしまい、筋肉がうまく伸ばされません。

「伸ばす筋肉を意識してはいけない」のはこのため。狙った筋肉を確実に伸ばすためには、その筋肉自身の力が抜けていなければならないのです。

伸ばすべき筋肉がリラックスした状態をつくり出す方法として、重力の力を利用することも効果的です。

冒頭でお話ししたように、筋肉は他の力で引っ張ってもらわないと伸びないのですが、自己の筋力を使った場合、体が完全にリラックスするのが難しく、その結果、伸ばすべき筋肉もリラックスできません。

パートナーストレッチ（ペアで行うストレッチ）で相手に伸ばしてもらえばそれが完全に達成できるわけですが、専門の施設に行くことも、家族にそれを覚えてもらってやってもらうことも容易ではありません。

そこで、**重力を利用し、自分で発揮する力を抑えれば、より筋肉はリラックスして伸ばされる条件が整う**というわけです。**重力とは、言いかえれば自分自身の重さ**です。

例えば「もも裏、お尻、腰」などを伸ばす座位体前屈を行う時、私たちは股関節を曲げる筋肉（腸腰筋や大腿直筋など）や背中を丸める腹筋（腹直筋など）を使っています。このため腹筋の力が弱いともも裏などの筋肉がよく伸ばされないことがあります。

このストレッチをする時、お尻の下にクッションを敷いて行ってみます。

すると、**自分自身の上半身の重さ、重力が上半身を引っ張る力が前屈をさせるために**

効率よく伸ばすには、重力の力を利用しよう

ハムストリングス、大殿筋、脊柱起立筋を伸ばす座位体前屈では股関節を曲げる筋肉や背中を丸める腹筋を使う。そのため体は完全にリラックスできない。

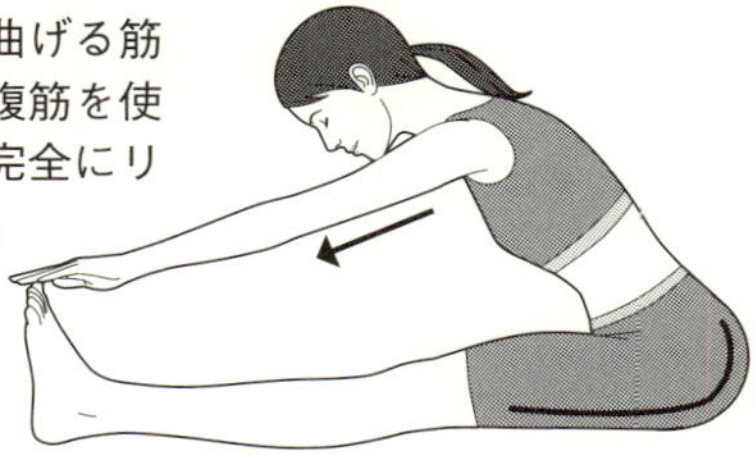

お尻の下にクッションを敷くと傾斜ができる。上半身の重さが引っ張る力に変わるため、少ない力で伸ばすことが可能に。

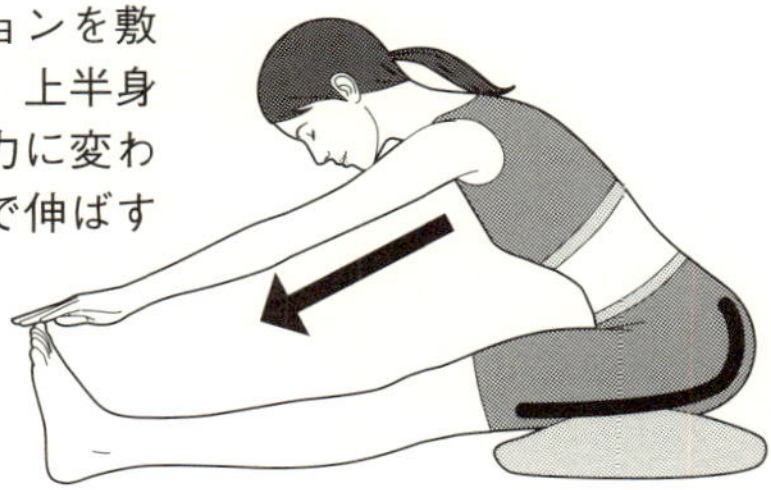

イスに座るとお尻の位置が上がり、さらに重力の働きが強くなる。ただし、お尻の筋肉を圧迫するので大殿筋が緊張しやすいデメリットも。

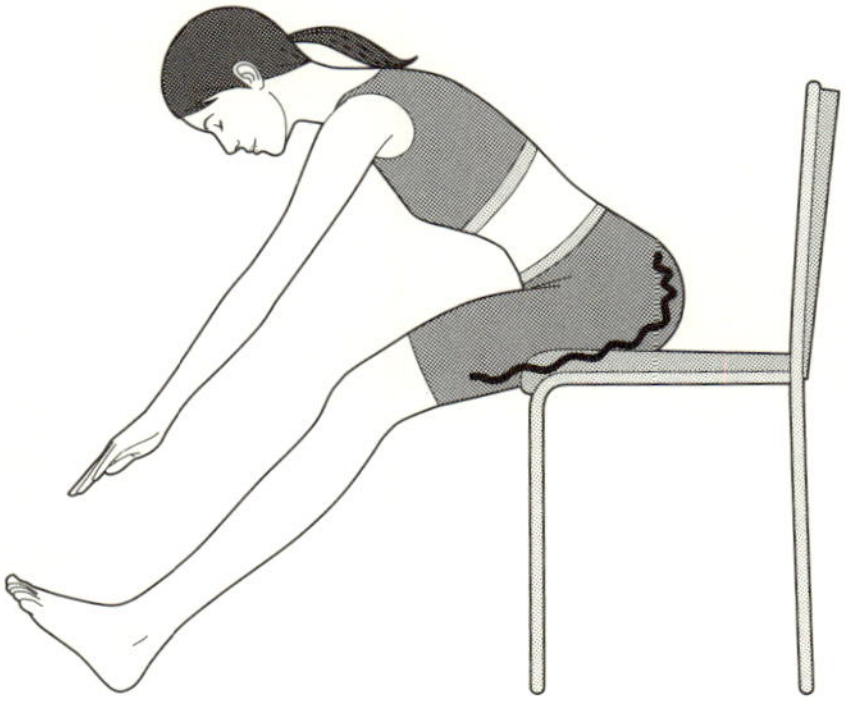

働くので、より少ない力で、前屈ができるのです。

力を使う必要がなければ体はリラックスし、伸ばすべき筋肉も脱力します。

ただし、お尻の位置を上げようとイスの上で行うと、重力はより利用できるようになりますが、一方で伸ばしたいお尻やもも裏の筋肉が圧迫されることになります。筋肉は圧迫されると緊張しやすく、また、皮膚も圧迫されるためにストレッチがやりにくくなります。

また、イスに深く座ってしまうとひざが伸ばせなくなるので、イスで行う場合はクッションを敷いて、座面の手前側に座って行います。

リラックス効果を妨げる機能性ウエアに注意――原則４

そのほかにもストレッチは、心身がリラックスしやすい環境下で行うことが大切です。そのための条件を他にもいくつか挙げてみましょう。

もちろん、ストレッチはいつ行ってもよいので、その条件が揃わないとやってはいけないという意味ではありません。

まず一つは快適な温度と湿度の部屋であること。

筋肉は寒いと緊張してしまいますし、また**ストレッチでリラックスすればリラックスするほど体表の温度が下がっていきますので、室温は少し温かいと感じる24度前後がよいでしょう。**

室温が低いならば、少し厚着をしましょう。いずれも汗をかかない程度に温かさを感じることが大切です。

可能であれば、部屋を薄暗くしてリラックス効果の高いブルー系のライトをつけたり、クラシックなどゆったりした音楽を聴いたり、カモミールやイランイランなどリラックス系のアロマオイルを焚くなどして、五感に優しい刺激を与えましょう。

体温の問題だけでなく、服装も大切です。

当然ながら、ジーンズなど伸縮性の低い素材の服を着ていると、筋肉が伸びる前に服の繊維が動きを止めてしまうことになります。近年流行している**タイトな機能性ウエアには、かえって体の動きを阻害してしまうものがあります。**比較的ゆったりとした服、伸縮性の高い服を着て行うことが望まれます。

呼吸を変えたら、思いのほか伸びる！──原則5

今からちょっとした実験を行いましょう。

家にいるならゴロンと転がり、会社にいるならばイスにゆったり座ってください。電車で立っている方はそのままでもできます。

では始めます。

1. まず、脈拍数（≒心拍数）を測ります。手首の脈を反対の人差し指と中指で触れて、1分間の脈拍数を測ります。
2. 次に、ゆっくりと1分間呼吸をします。鼻から吸って、口から吐き、息を吸った時にはお腹を大きく膨らませ、逆に吐く時にはお腹をしぼませていきます。細く長く、苦しく感じる手前で「吸うと吐く」を切り替えましょう。
3. それでは再度、脈拍を測ってみてください。

どうでしょう？　最初よりも脈拍が下がっていないでしょうか？

皆さんが日頃ドキッとすると息を止めたり、ホッとするとため息をついたりするように、呼吸と心身の状態には密接な関係があります。

体を支配する自律神経のうち、心身を運動に適した状態にする交感神経は呼吸数を増やし、逆に心身を安静状態に導く副交感神経は呼吸数を下げます。

その逆に、呼吸を速く行うと交感神経が興奮し、ゆったり行うと副交感神経が興奮します。（注：意図的に呼吸を速く浅く行うと、過呼吸を招くなどして心身の状態を悪くする可能性があるので行わないでください）

ですから、より心身をリラックスさせた状態で行いたいストレッチでは、ゆったりと呼吸をしながら行うことが肝心です。

さらに細かい話をすると、**交感神経は息を吸う吸気を支配し、副交感神経は息を吐く**

呼気を支配しています。先ほど触れたように、驚くとハッと息を吸ったり、安心するとため息を吐いたりするのはこのためです。

これらを考慮すると、筋肉を伸ばしていきポーズをつくる時には息を吐きながら行うのがよいことがわかります。

ただし、息を吐くといっても**一気に力を込めて吐くと交感神経が興奮してしまいます**。細く長く息を吐いてあげましょう。

そして、筋肉を伸ばした最終的なポーズをつくったら、ゆっくりと吸って、ゆっくりと吐きます。持久力や肺活量によって若干の差がありますが、一呼吸をゆっくり行うと8秒～10秒程度。このため、**本書ではストレッチを8～10秒程度キープして、これを繰り返します**。

この時の目安としては3～4秒で吸って、5～6秒で吐きます。

もちろん個人差があるので、それより短くても長くても構いません。慣れてくると少しずつ一呼吸は長くなっていきます。**呼吸は鼻でも、口でもやりやすいほうで行いましょう。**

ポーズをキープするためには、伸ばしている筋肉以外の部分が力を出していますから、それを休ませるために一呼吸おきます。そして、これを2～5セット繰り返します。

ただし、あまり呼吸にこだわり過ぎても逆効果。考えすぎると緊張してしまいますし、その間に息が止まりやすいからです。息が止まると体はリラックスできませんし、血圧が上がってしまい、体にとってマイナスです。

最も大事なことは、ストレッチを行っている間に決して息を止めないことです。

柔軟性には左右差があって当然――原則6

ところで、第2章の柔軟性チェックテスト2「片足伸ばし前屈テスト」（82ページ）の結果はいかがだったでしょうか？

まだやってないという方は、ぜひ今やってみてください。

このテストの点数が何点であったにしても、左右どちらも同じように前屈できたという方は少ないことでしょう。どちらかのほうが伸びやすく、反対側が伸びにくかったはずです。

これに限らず、**腕や脚などには柔軟性の左右差が少なからず存在します**。

こういった左右差が生まれる大きな原因は、日常生活動作。日常生活では多くの場合、同じ側の脚を組んでいたり、同じ腕で荷物を持ったり、同じ方向に体をひねってテレビを見たり、体を左右不均等に使うことが多く、これが柔軟性の左右差を生みます。

例えば座った時に右ひじをつく習慣がある場合、腰の右側の筋肉が短い状態がキープされるために柔軟性が低下し、逆に伸ばされている左側の柔軟性が高くなります。


経験してきたスポーツの影響もあります。

長距離走や水泳のように左右の手足を均等に使うスポーツよりも、野球やテニスのように、左右の手足の使い方に偏りがあるスポーツが多いからです（左右均等に使っているはずの長距離走や水泳でさえ、若干の左右差があることが少なくありません）。

それ以外で大きく影響するのはケガや病気。しっかりとしたリハビリを行わない限り、骨折、肉離れや打撲などのケガをすると多くの場合、受傷した側の柔軟性が低下します。

こういった要因で生まれる柔軟性の左右差は、姿勢（静的アライメント）、動き（動的アライメント）のアンバランスを生み出して、疲労を生む原因になります。
例えば**直立した場合、背骨の左右にある脊柱起立筋が硬いほうに体は傾き、重心は硬**

いほうの足にかかります。この体勢で立ったり歩いたりすると、重心の乗っている側の足が疲れたり、ひざに痛みが生じます。

また、このようにアンバランスな姿勢を長年続けていると、いずれ骨と関節までが変形してしまい「側彎症《そくわん》」になりかねません。

この左右差は柔軟性向上の妨げにもなります。

ストレッチには片手片足ずつ行う「一側性のストレッチ」と、両手両足で行う「両側性のストレッチ」があるのですが、一般的な座位体前屈のように**両側性のストレッチを行った場合、硬い側の筋肉が先に伸びてしまうので、柔らかいほうは十分に伸ばすことができません。結果、柔軟性の伸び悩みを生むことになります。**

このように、数々の不都合を生む柔軟性の左右差は、できるだけ少なくしたいものです。そのためには、硬いと感じるほうに重点をおいてストレッチをする必要があります。

とはいえ、**硬いほうをより強い力で伸ばす、ということではありません。**ストレッチは過度な強度で行うとかえって無意識の筋肉の緊張を招いて伸ばしにくくなるだけでなく、筋肉が傷ついてしまうことになるからです。

最善策は、硬いほうは柔らかいほうの倍の時間をかけて行うことです。先ほどお話ししたように、ストレッチは8~10秒の静止を繰り返します。そこで、**柔らかいほうを8秒×2セット行うならば、硬いほうは8秒×4セット行う**ことで、硬いほうの柔軟性を改善するのです。

同時に、日常生活での体の使い方にも注意しましょう。

例えば脚を組むなら左右交互に行い、むしろやりにくいほうの時間を意識的に長く行うことで、左右差を縮めていくことができます。

動的ストレッチ、その真の実力――原則7

第1章でもご紹介したとおり「反動＝反対動作」をともなう動的ストレッチには血液の循環を促し、その結果筋温を上げるという優れた効果があります。

じつは柔軟性を高める上でも、動的ストレッチはプラスに働きます。

座位体前屈でも静止状態で行うよりも反動をつけて行ったほうが、時間は短いものの、より深く前屈ができます。つまり筋肉の高い柔軟性が発揮されるのです。

また、傷害予防という観点でも、動的ストレッチは大切。肉離れや腱の断裂は、筋肉や腱をジッと伸ばしている時ではなく、急激に伸ばされた時に起こるわけで、予防するにはこれに近い状態を行う必要があるのです。

ほかにも、日常生活やスポーツのパフォーマンスを向上させる意味でも、動的ストレッチは重要です。

日常生活なら歩く時やうがいをして上体を屈める時など、スポーツなら走る時やジャンプをする時など、私たちは「静的柔軟性」より、「動的柔軟性」を求められるからです。

静的柔軟性とは手足を大きく動かしたところでキープするための柔軟性のこと。

一方、動的柔軟性とは、腕や脚を大きく動かすための柔軟性のことです。静的ストレッチでは静的柔軟性が、動的ストレッチでは動的柔軟性がそれぞれ鍛えられます。

さらには、ケガの予防という面でも、動的ストレッチは大切です。短距離走で肉離れが起こるにしても、ジャンプの着地でアキレス腱が断裂するにしても、**ケガは動的柔軟性を発揮している時に起こる**ものだからです。

逆に体操のY字バランスのように止まって静的柔軟性を発揮している時にケガをすることはまずありません。

このように動的ストレッチは大変優れているのですが、問題は強度です。

動的ストレッチで激しく反動をつけて行うと、筋肉が予想外に伸ばされて傷つく可能性があります。

これは静的ストレッチでも同じこと。強度が強過ぎれば筋肉は傷つきます。動的ストレッチでも、スピードをコントロールして無理に行わなければよいのです。

より短期間に柔軟性を高めたいという場合、私が提唱しているのは静的ストレッチと動的ストレッチを組み合わせて行う方法です。この方法は**静的ストレッチだけを行うよりも多くのエネルギーを使い、時間もかかりますが、狙った筋肉をより深く伸ばすことができます。**

具体的な方法については第５章の１９６ページでご紹介します。

ストレッチのウソ？ ホント？

流行の「パートナーストレッチ」の魅力とは？

近年、「パートナーストレッチ」が注目されています。街にはパートナーストレッチ専門施設も増えてきました。

実際、パートナーストレッチは自身で行うセルフストレッチよりも高い効果が期待できます。自分はベッドに寝たまま、人に伸ばしてもらうパートナーストレッチは、全身の筋肉が脱力できるので効率がよいのです。

しかし、一方で大きな問題点もあります。効果が高い、というのはあくまでも施術者の知識と技術がしっかりしていることが前提の話。施術者が人間の体の構造と機能に熟知し、筋肉がどの関節をまたいでその骨のどの位置についているか、各関節がどの程度の範囲まで動くことができるかを熟知していないと、安全に、かつ効果的に筋肉を伸ばすことができません。

実際に受ける前に一度施設を訪れて、施術の様子をのぞいてみてください。

この際、①施術者自身の姿勢がよい。②短時間のお試しコースを設定しているようだと意識が高く、またお客さん本位の施術をしている可能性が高いでしょう。

さらに施術の様子が見られる施設であれば、③部位や強さについて問いかけをしながらストレッチをしている。④腕や脚をゆっくり床から引き上げたり、下ろしている。⑤受けている人の表情がリラックスしているかチェックしてみてください。

そして最後に短時間のお試しコースを受けて、適切な強さで伸ばしたい筋肉が十分に伸ばされ、筋肉がほぐれてリラックスできるかで良し悪しを判断してください。

第５章

老けない体をつくる基本ストレッチ12種目

―体が硬い人も、この方法を実践すれば必ずうまくいく！―

これが最も効率的な柔軟性向上ストレッチだ！

では、いよいよストレッチを開始しましょう。

ここでは、全身の筋肉をまんべんなくほぐし、柔軟性をバランスよく高める静的ストレッチ「ルーティーン・ストレッチ12種目」をご紹介します。このプログラムの目的は、最も筋肉を効率よく伸ばすことにあります。

＜ルーティーン・ストレッチ12種目＞

＜ルーティーン・ストレッチ12種目のガイドライン＞

ルーティーン・ストレッチには、立って行うもの、座って行うもの、寝て行うものがありますが、それぞれ伸ばすべきターゲットとなる筋肉を最も伸ばしやすい体位で行っています。

最後は寝る姿勢で終わっていますから、そのままゴロリと寝転がっていただければ心身のリラクセーションになります。

第1章でお話ししているとおり、筋肉は骨とつながる付着部をより遠ざけることでストレッチされます。このため、**各ストレッチは「2セット＝2段階」に分けて、2セット目でより付着部を遠ざけてターゲットとなる筋肉を伸ばすように構成しています。**

＜回数や注意点など＞

●回数について

12種目のストレッチは**各8～10秒を2セット**行います。

1種目にかかる時間は30秒、左右の腕や脚を交互に行う場合は倍の1分かかりますが、12種目全てを行ってもトータルたったの10分弱です。

セット数は3～5セット行うと、より柔軟性を高める効果があります。5セット行っても30分かかりませんから、時間がある日には5セット行いましょう。

時間がない日は、種目を減らしても、一つ1セットだけ行っても構いません。逆に時間がある場合は3～5セット行ってください。

ストレッチはどれだけやっても、何回やっても問題ないとお伝えしました。ですが、やっていくうちにそれ以上繰り返しても可動域がほとんど広がらなくなり、〝その日のその時間の限界〟がやってきます。

5セットまでは少しずつ柔軟性が向上しますが、それ以上やってもほとんど変わりません。ですから、それ以上行う必要はありません。

●頻度について

毎日行えばより効果的ですが、**初めのうちは週に1回でも効果があります**。

柔軟性が高くなるにしたがって週に1回では効果が頭打ちになりますから、週に2回、3回と少しずつ頻度を増やしていきましょう。柔軟性を維持するだけであれば週に1回でも可能です。

ここでは静的ストレッチの方法を説明していますが、より柔軟性を高めたい場合は、196ページでご紹介しているようにそれぞれのストレッチのポーズを「静的ストレッチ⇓動的ストレッチ⇓静的ストレッチ」の順番で行うと効果的です（172ページから紹介するストレッチの1セット目もしくは2セット目を反動をつけながら行うと動的ストレッチになります）。

柔軟性向上よりもリラクセーション、ストレス解消効果を求める場合は、静的ストレッチのみで十分です。

●注意点

第2章の柔軟性チェックテストで**柔軟性年齢が40代以上と判定された場合は、1セット目の動作を、2セット目以降も反復してください。**柔軟性が向上したら、2セット目の動きにチャレンジしましょう。

20代、30代と判定された方は、３セット目以降は2セット目の動きを繰り返してください。

ただし、1セット目の動きに戻る必要はありません。

同じ人でも上半身は硬いけど、下半身は柔らかいというように、部位によって柔軟性が異なります。２セット目の動作がつらければ、1セット目の動作を繰り返してください。

ストレッチ1

肩のストレッチ

効果のある筋肉…三角筋後部と僧帽筋、菱形《りょうけい》筋

〈やり方〉

準備姿勢

足を肩幅に開いて背すじを伸ばし、右手のひらを下に向けて左手でひじをおさえる。

ポイント・注意点

- 伸ばす側の手首を反対側のひじにのせることで、腕をリラックスさせる。
- 上体をひねらず、胸を正面に向けたまま行う。

1セット目

胸を張ったまま息を吐きながら、肩が気持ちよく伸びている感覚を得るまで腕を手前に引き寄せ、8～10秒（ゆったりと1呼吸分…吸い、吐く）静止する。

2セット目

少しゆるめて４秒（通常呼吸１呼吸分…吸い、吐く）インターバルをおき、息を吐きながら右の肩を前に出して腕を引き寄せ、8～10秒静止する。反対側も同様に行う。

ストレッチ２

胸・肩・腕のストレッチ

効果のある筋肉…大胸筋、三角筋前部、上腕二頭筋

〈やり方〉

準備姿勢

足を肩幅に広げ、腰の後ろで両手を組み、ひじを伸ばす。

ポイント・注意点

- ２セット目では背中を丸めない範囲で腕を引き上げる。
- ２セット目では腰をひねらずに、上半身を正面に向けたまま行う。

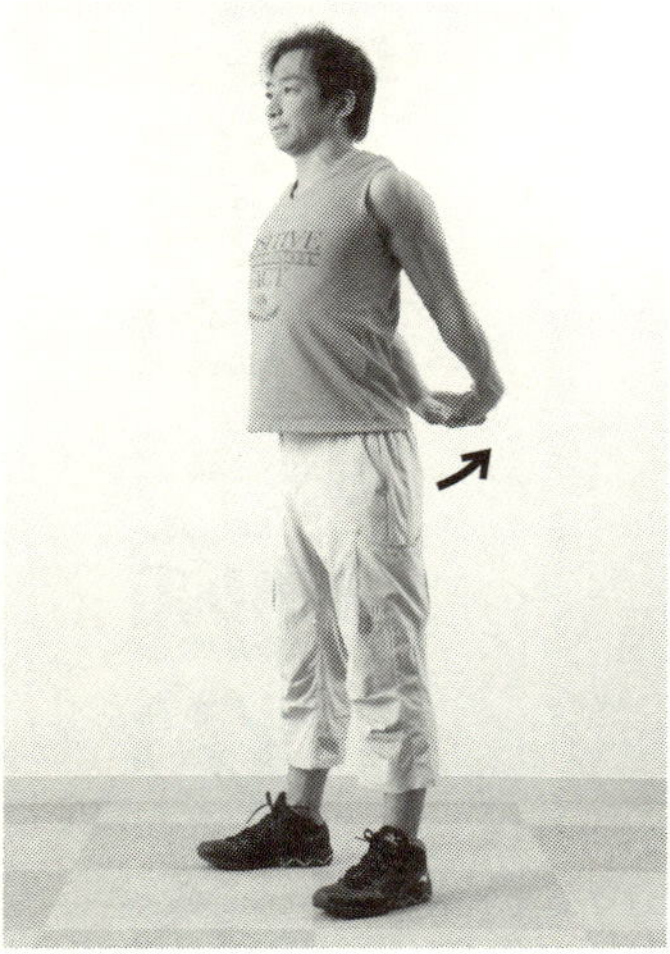

1セット目

息を吐きながら、胸の筋肉が気持ちよく伸びている感覚を得るまで、肩甲骨を寄せて肩を後方に引き、8〜10秒（ゆったりと1呼吸分…吸い、吐く）静止する。

2セット目

少しゆるめて4秒（通常呼吸1呼吸分…吸い、吐く）インターバルをおき、足を前後に少し開き、息を吐きながらもう一度両腕を伸ばして上に引き上げつつ胸を張り、8〜10秒静止する。

ストレッチ３

背中・腕のストレッチ

効果のある筋肉…広背筋、上腕三頭筋

〈やり方〉

準備姿勢

足を肩幅に開いて片腕を上げて、あごを軽く引く。ひじを曲げ、反対の手でひじを持つ。

ポイント・注意点

- ２セット目で側屈する際には、お尻を横に突き出すのではなく、脇腹を伸ばすように傾ける。
- あごを引き過ぎて呼吸が苦しくならないように注意する。

1セット目

息を吐きながら、背中の筋肉が気持ちよく伸びている感覚を得るまでひじを内側に引いていき、８〜10秒（ゆったりと1呼吸分…吸い、吐く）静止する。

2セット目

少しゆるめて４秒（通常呼吸１呼吸分…吸い、吐く）インターバルをおき、次に息を吐きながら上半身を、曲げた腕と反対方向に軽く曲げてもう一度ひじを引き、８〜10秒静止する。反対側も同様に行う。

ストレッチ４

ふくらはぎのストレッチ

効果のある筋肉…腓《ひ》腹《ふく》筋、ヒラメ筋

〈やり方〉

準備姿勢

壁の横に立って壁に手を置く。足を大股１歩分前後に開いて両ひざを伸ばし、体重を両足に均等にかける。

ポイント・注意点

- １セット目では腓腹筋を伸ばし、２セット目ではヒラメ筋を伸ばす。
- 後ろの足のつま先は外に開かずに前方へ向ける。
- 後ろの足のかかとを床から浮かさない。

1セット目

息を吐きながら、前側のひざを曲げて体重を前方に移し、ふくらはぎが気持ちよく伸びている感覚を得るまで後の足首を曲げ、８～10秒（ゆったりと１呼吸分…吸い、吐く）静止する。

2セット目

少しゆるめて４秒（通常呼吸１呼吸分…吸い、吐く）インターバルをおき、息を吐きながら後ろ側のひざを少し曲げてもう一度８～１０秒静止する。反対側も同様に行う。

ストレッチ５

股関節のストレッチ①

効果のある筋肉…腸腰筋など

〈やり方〉

準備姿勢

大股１歩分足を前後に開いて立ち、手を殿部（骨盤）に置く。体重は左右均等にかける。

ポイント・注意点

- 手で殿部を押して、やや上体をそらせ骨盤を後傾させたまま体重を前にかけていく。
- 床面が硬い場合は、２セット目の時にひざの下にクッションを置いて行う。

1セット目

息を吐きながら、股関節の前側が気持ちよく伸びている感覚を得るまで前脚に体重をかけて体を沈めていき、8〜10 秒（ゆったりと１呼吸分…吸い、吐く）静止する。上半身をやや後傾させ、後ろ脚のひざを伸ばしたまま、かかとは床から浮かせる。

2セット目

少しゆるめて４秒（通常呼吸１呼吸分…吸い、吐く）インターバルをおき、息を吐きながら後ろ側のひざを床につけてから、もう一度同様に前側の足に体重をかけていき、8〜10 秒静止する。反対側も同様に行う。

ストレッチ6

股関節のストレッチ②

効果のある筋肉…深層外旋六筋など

〈やり方〉

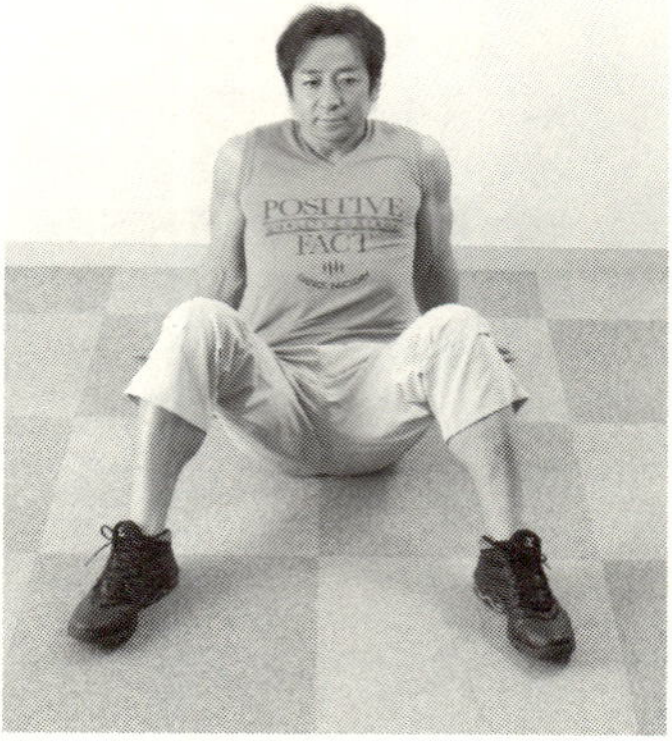

準備姿勢

床に座って両手を後方に置き、ひざを90度曲げる。足幅は肩幅よりやや広めに開く。

ポイント・注意点

- できるだけ尻を床に近づけたまま行い、上半身を左右に傾けないようにする。
- 靭帯損傷などひざに疾患がある場合は行わない。

1セット目

息を吐きながら、両ひざを右側に倒し、股関節が気持ちよく伸びている感覚を得るまで股関節をひねり、８〜10秒（ゆったりと１呼吸分…吸い、吐く）静止する。

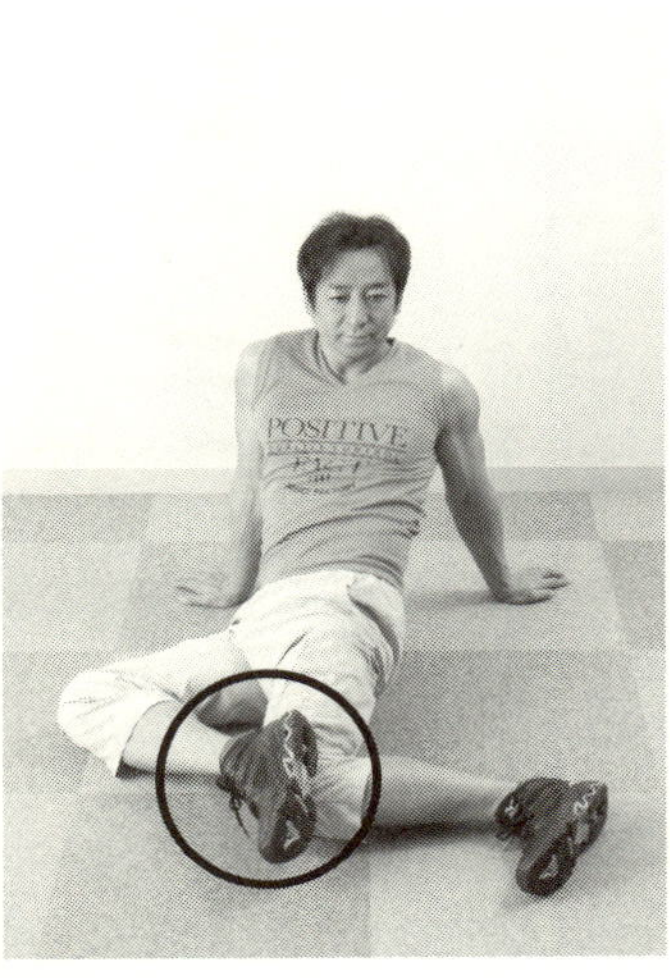

2セット目

準備姿勢の位置に戻して４秒（通常呼吸１呼吸分…吸い、吐く）インターバルをおきながら、右の足首を左のひざにかけて、息を吐きながらもう一度両ひざを右側に倒していき８〜10秒静止する。左側へも同様に行う。

ストレッチ７

内もものストレッチ

効果のある筋肉…股関節内転筋群

〈やり方〉

準備姿勢

床に座って足裏を合わせたままひざを曲げて外側に開き、両手を組んで両つま先をつかむ。

ポイント・注意点

- 楽にひざが床に着く場合に限って２セット目を行う。
- このストレッチでは背中が丸まってもよい。

1セット目

息を吐きながら、ひじを支点にして両手で両つま先を引き、内ももが気持ちよく伸びている感覚を得るまで前傾し、8～10秒（ゆったりと1呼吸分…吸い、吐く）静止する。

2セット目

少しゆるめて4秒（通常呼吸1呼吸分…吸い、吐く）インターバルをおき、両手を床に置いて体重を乗せ、股関節をひねってひざの内側を床に着け、息を吐きながら手に乗せた体重をひざにかけて開脚していき8～10秒静止する。

ストレッチ８

腰のストレッチ

効果のある筋肉…脊柱起立筋

〈やり方〉

準備姿勢

床に座って、ひざを軽く曲げて外に開いて脚を前に出す。手をひざの上に置き、骨盤を後傾させる。

ポイント・注意点

- 骨盤を後傾させたままお腹を後ろに引き込むイメージで背中を丸める。
- 無理にあごを引かず、顔は下かななめ前方に向ける。

1セット目

息を吐きながら手でひざまたはふくらはぎを持って引きつけながら、腰が気持ちよく伸びている感覚を得るまで、背中を丸める。目線は下に向ける。この状態で８～ 10 秒（ゆったりと１呼吸分…吸い、吐く）静止する。

2セット目

少しゆるめて４秒（通常呼吸１呼吸分…吸い、吐く）インターバルをおき、上半身を側屈させてから、息を吐きながら、もう一度ななめ方向に前屈し、腰の片側だけを大きく伸ばし、８～ 10 秒静止する。反対側も同様に行う。

ストレッチ９

もも裏のストレッチ

効果のある筋肉…ハムストリングス

〈やり方〉

準備姿勢

床に座って片脚を曲げて外側に開き、もう一方はひざを伸ばして前に出す。両手はふくらはぎに置く。

ポイント・注意点

- お尻を後方に突き出して骨盤を後傾させたまま、股関節を軸に上体を前傾させる。
- 手でふくらはぎを持てない場合、タオルを足裏に回して引きながら行う。

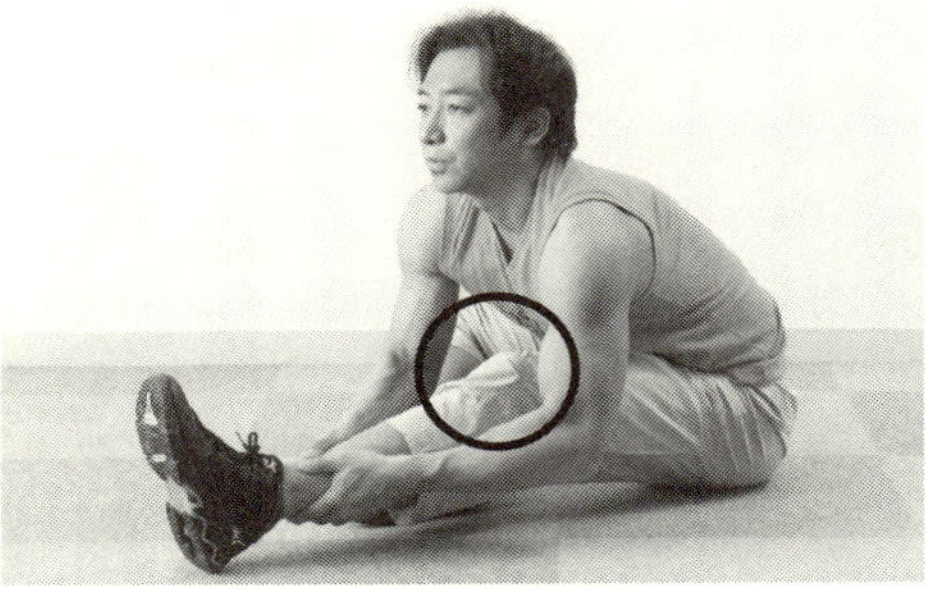

1セット目

前に伸ばしたひざを軽く曲げ、息を吐きながら、両手で前に出している側の足、足首、またはふくらはぎ（柔軟性に応じて手の位置を遠ざける）を持って引き寄せつつ、もも裏が気持ちよく伸びている感覚を得るまで前傾。この状態で８秒（ゆったりと１呼吸分…吸い、吐く）静止する。

2セット目

少しゆるめて４秒（通常呼吸１呼吸分…吸い、吐く）インターバルをおき、ひざと足首を伸ばして息を吐きながらもう一度前屈し、８～10秒静止する。反対側も同様に行う。

ストレッチ 10

もも前のストレッチ

効果のある筋肉…大腿四頭筋

〈やり方〉

準備姿勢

床に座り一方の脚を前に伸ばし、反対のひざを曲げ、伸ばした脚側の手を後方につく。

ポイント・注意点

- 左右のひざと上半身は同じ斜め方向を向く。
- 曲げている脚のかかとはできるだけ殿部から離さずに行う。

1セット目

息を吐きながら、手を後方にずらし、ももの前が気持ちよく伸びている感覚を得るまで上体を後傾させ、８〜10 秒（ゆったりと１呼吸分…吸い、吐く）静止する。

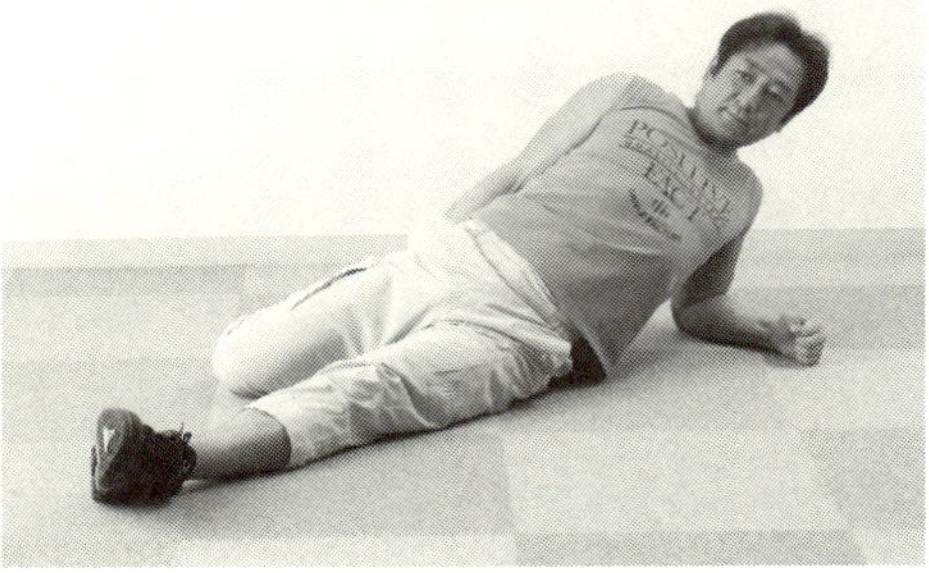

2セット目

少しゆるめて４秒（通常呼吸１呼吸分…吸い、吐く）インターバルをおき、ひじをついて息を吐きながらさらに上体を後傾させて、８〜 10 秒静止する。反対側も同様に行う。

ストレッチ 11

脇腹のストレッチ

効果のある筋肉…腹斜筋

〈やり方〉

準備姿勢

床に座ってひざを曲げ、いわゆる体育館座りの姿勢になり、一方の腕を後方に着き、もう一方の腕をクロスさせてひざの横に置く。

ポイント・注意点

- ひざを押さえる腕はしっかりと伸ばす。
- 背中を丸めたまま行うと、腹斜筋は伸びにくいので、２セット目では胸を張って上体を反らしながらひねる。

1セット目

息を吐きながら、腕でひざを押し、脇腹が気持ちよく伸びている感覚を得るまで腰をひねり、8～10秒（ゆったりと1呼吸分…吸い、吐く）静止する。

2セット目

少しゆるめて4秒（通常呼吸1呼吸…吸い、吐く）インターバルをおき、後ろのひじを曲げて息を吐きながら、上体を反らしてもう一度腰をひねり、8～10秒静止する。反対側も同様に行う。

ストレッチ 12

腹部のストレッチ

効果のある筋肉…腹直筋

〈やり方〉

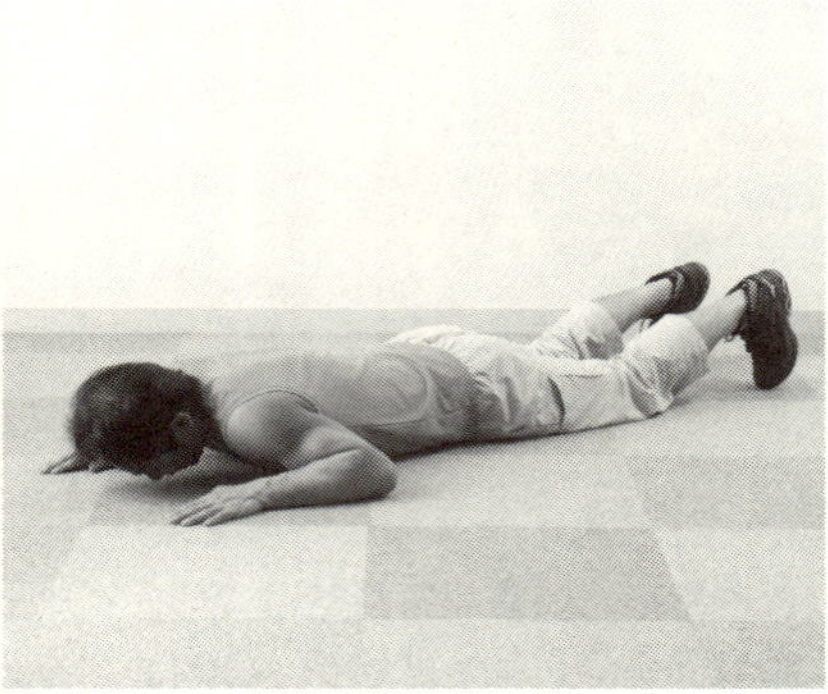

準備姿勢

うつ伏せに寝て、ひじを曲げて脇を締め、前腕部を床に置く。この時、手は額の横にくる。

ポイント・注意点

- 下腹部までを床から浮かし、骨盤は床に着けておく。
- 腰に疾患がある場合、上体を反らすと腰に違和感や痛みがある場合は行わない。

1セット目

腕で支えながら腹筋が気持ちよく伸びている感覚を得るまで、息を吐きながら胸を張って上体を起こし、可能であればひじを伸ばして、8～10秒（ゆったりと1呼吸分…吸い、吐く）静止する。

2セット目

準備姿勢の状態に戻って4秒（通常呼吸1呼吸分…吸い、吐く）インターバルをおき、腕と肩の位置を左に20～30cmずらして、息を吐きながらもう一度上体を反らして腹筋の右側を重点的に伸ばし、8～10秒静止する。同様に反対側も行う。

静的&動的の組み合わせ技で、もっと効かせる!

もっと短期間でより柔軟性を高めたい場合は、それぞれのストレッチのポーズを**「静的ストレッチ⇓動的ストレッチ⇓静的ストレッチ」**の順番で行うと効果的です。

〈やり方〉

1. **静的ストレッチを8~10秒で1セット行う**

ここで、現状の柔軟性を把握しておきましょう。

2. **動的ストレッチを10往復行う**

1のポジションよりも少し動きが大きくなるように、**10往復繰り返します。**この時、

１秒程度で反対動作を行い、同様に１秒程度でスピードをコントロールしながらストレッチするのがポイントです。こうすることで勢いがつきすぎて筋肉を傷つけるリスクを下げながら筋温を上昇させ、１よりも筋肉が伸びた状態をつくることができます。

３．静的ストレッチを８～10秒で１セット行う

再度、静的ストレッチを行います。この時、１の段階よりも柔軟性が少し高まっているはずです。

このように「静的ストレッチ⇕動的ストレッチ」を繰り返し、最後にもう一度静的ストレッチを行うと筋肉がより伸ばされ、徐々に可動域が広がっていきます。

特に柔軟性を高めたい場合は静的⇕動的を３～５回繰り返しましょう。

動的ストレッチと静的ストレッチの組み合わせ方

●静的ストレッチ
まず静的ストレッチを8秒～10秒行う。
8～10秒×1セット
静的、動的の各ストレッチを3～5回繰り返し、最後にもう一度静的ストレッチを行って締めくくる。
●動的ストレッチ
10往復
次に動的ストレッチを10往復行う。

ルーティン・ストレッチの2セット目（もしくは1セット目）を反動をつけながら行うと、動的ストレッチになる。

ストレッチのウソ？ ホント？

ストレッチとマッサージはどこが違う？

「マッサージとストレッチはどう違うの？」という質問をよくいただきます。

じつはストレッチはマッサージの手技の一つとしても存在します。今、巷で流行のパートナーストレッチですが、昔からマッサージ師は施術の一環で行っていました。

マッサージには基本的に①軽擦法（さする）②強擦法（強く押し込む）③圧迫法（押す）④揉捏法（もむ）⑤叩打法（たたく）⑥振戦法（振る）⑦伸展法（もむ）の7つの手技があります。このうち⑦がパートナーストレッチです

筋肉が疲労や心理的ストレスなどによって緊張していると、血行が悪くなり、血行が滞ると疲労物質が取り除かれずに残ってしまうことになります。

マッサージの効果、目的は「筋肉の緊張を和らげ、血液の循環を促し、疲労物質の除去と酸素と栄養の運搬を盛んにし、筋肉の疲労回復と修復を速めること」。簡単にいえば疲労回復です。

疲労回復を促す意味でマッサージもストレッチも同様ですが、マッサージを受けるには専門施設を利用するなどコストがかかります。

自分でマッサージすることもできますが、腰やもも裏など自分ではできない部位もあるほか、マッサージで柔軟性が高くなることはほぼありません。

ストレッチはいつでも、どこでも、そしてお金をかけずに行うことができるもの。疲れやすい現代社会。ぜひストレッチを生活の中に取り入れて、習慣化してほしいと思います。

おわりに

本書を読まれていかがだったでしょうか？

これまでみなさんが取り組んできたストレッチとは異なる新しい発見があったり、ストレッチをこれから始めてみようと思っていただけたら本望です。

今のようにストレスフルな日本の社会では、心と体をいつでもどこでも手軽に癒してあげることは必須です。また、ますます加速する超高齢社会を控え、早い段階から自分の体力の維持、体調の管理を始める必要がある時代であることを、痛切に感じます。ストレッチはそんな時代にあって、自ら行う体メンテナンスとして最適な方法です。

いつまでも肉体的に若くいられるということは、長い目で見ても大事なことです。一生寝たきりにならない、旅行やスポーツを楽しめる、など人生の充実度に直結します。

私はあらゆる場面において一貫して、体にも心にも安全で、効率よくトレーニング効果が得られる正攻法、言い換えれば王道の方法を貫いてきました。

しかし、今は「1週間で効果が出る」「わずか1分でよい」などというキャッチーで、耳触りがよい宣伝文句を掲げたトレーニング本やトレーニング方法がウケる時代。ヒットするトレーニング方法が爆発的に売れて、あっという間に世の中から消える。それがどんどん繰り返されているのが今の健康、美容、スポーツ市場の姿です。

2011年に青春出版社さんから「きっちりした筋トレの本を」という執筆依頼をいただき、前著である『やってはいけない筋トレ』の執筆に取りかかりました。

しかし、執筆中は世の中に広く受け入れられるとは全く思いませんでした。市場に対するあきらめのような気持ちもあり、分かる人に分かればよい、という気持ちでした。

しかし、いざ蓋を開けてみると、ありがたいことに、読者の方から手紙やネットですぐに大きな反響があり、ほんとうにたくさんの皆さんに書籍を手に取っていただくことができました。

耳触りがよくとも効果が出ない、即効性はあるが体調を崩してしまうようなトレーニングで痛い目にあった皆さんが、本当のことを求め、まっとうな話を受け入れる時代になったのだと感じました。


この『やってはいけないストレッチ』は、2012年に上梓した『やってはいけない筋トレ』のいわば続編です。

残念ながら筋トレ同様に、ストレッチに関しても、世の中には誤解や飛躍した解釈、間違った方法などがたくさんあります。そんな現状を憂い、正しい方法を真っ向勝負でみなさんに紹介したいと思っていました。

そんな私の思いと指導ノウハウをまとめたのが本書です。長い期間に渡って、より多くの皆さんの健康と美容をサポートする一冊になってくれれば幸いです。

2013年4月

スポーツ&サイエンス　坂詰　真二

本書を２０１２年３月、志半ばのうちに突然他界された
敬愛する友人、故・矢澤康隆さんに捧ぐ。

青春新書
INTELLIGENCE

こころ涌き立つ「知」の冒険

いまを生きる

"青春新書"は昭和三一年に――若い日に常にあなたの心の友として、その糧となり実になる多様な知恵が、生きる指標として勇気と力になり、すぐに役立つ――をモットーに創刊された。

そして昭和三八年、新しい時代の気運の中で、新書"プレイブックス"にその役目のバトンを渡した。「人生を自由自在に活動《プレイ》する」のキャッチコピーのもと――すべてのうっ積を吹きとばし、自由闊達な活動力を培養し、勇気と自信を生み出す最も楽しいシリーズ――となった。

いまや、私たちはバブル経済崩壊後の混沌とした価値観のただ中にいる。その価値観は常に未曾有の変貌を見せ、社会は少子高齢化し、地球規模の環境問題等は解決の兆しを見せない。私たちはあらゆる不安と懐疑に対峙している。

本シリーズ"青春新書インテリジェンス"はまさに、この時代の欲求によってプレイブックスから分化・刊行された。それは即ち、「心の中に自らの青春の輝きを失わない旺盛な知力、活力への欲求」に他ならない。応えるべきキャッチコピーは「こころ涌き立つ"知"の冒険」である。

予測のつかない時代にあって、一人ひとりの足元を照らし出すシリーズでありたいと願う。青春出版社は本年創業五〇周年を迎えた。これはひとえに長年に亘る多くの読者の熱いご支持の賜物である。社員一同深く感謝し、より一層世の中に希望と勇気の明るい光を放つ書籍を出版すべく、鋭意志すものである。

平成一七年　　刊行者　小澤源太郎

著者紹介
坂詰真二〈さかづめ しんじ〉

1966年、新潟県生まれ。横浜市立大学文理学部卒。NSCA公認ストレングス&コンディショニング・スペシャリスト。同協会公認パーソナルトレーナー。株式会社ピープル(現コナミスポーツ)でディレクター、教育担当を歴任後、株式会社スポーツプログラムスにてスポーツ選手及びチームのコンディショニング指導を担当。1996年に独立し「スポーツ&サイエンス」主宰。各種アスリートへの指導やスポーツ系専門学校講師を務めながら、雑誌『Tarzan』(マガジンハウス)ほか、様々なメディアで運動指導を行う。著書に『やってはいけない筋トレ』(小社刊)など。

やってはいけないストレッチ　青春新書 INTELLIGENCE

2013年5月15日　第1刷
2013年7月31日　第7刷

著者　坂《さか》詰《づめ》真《しん》二《じ》

発行者　小澤源太郎

責任編集　株式会社プライム涌光
電話　編集部　03(3203)2850

発行所　東京都新宿区若松町12番1号 〒162-0056　株式会社青春出版社
電話　営業部　03(3207)1916　振替番号　00190-7-98602

印刷・中央精版印刷　製本・ナショナル製本

ISBN978-4-413-04398-4
©Shinji Sakazume 2013 Printed in Japan

本書の内容の一部あるいは全部を無断で複写(コピー)することは著作権法上認められている場合を除き、禁じられています。

万一、落丁、乱丁がありました節は、お取りかえします。

こころ涌き立つ「知」の冒険!

青春新書
INTELLIGENCE

PI·361	数学者も驚いた、人間の知恵と宇宙観 一週間はなぜ7日になったのか	柳谷 晃
PI·362	図説 地図とあらすじでわかる! 日本書紀と古代天皇	瀧音能之［監修］
PI·363	この一冊で iPS細胞が全部わかる	石浦章一［監修］ 金子隆一［著］ 新海裕美子［著］
PI·364	図説 浄土真宗の教えがわかる! 親鸞と教行信証	加藤智見
PI·365	走りこむだけでは、「長く」「速く」走れません やってはいけないランニング	鈴木清和
PI·366	孔子が伝えたかった本当の教え 心を元気にする論語	樫野紀元
PI·367	図説 地図とあらすじでわかる! 最澄と比叡山	池田宗讓［監修］
PI·368	薬がいらない体になる食べ方	溝口 徹
PI·369	プロ野球 勝ち続ける意識改革	辻 発彦
PI·370	図説 江戸の暮らしを支えた先人の知恵! 日本の暦と和算	中村 士［監修］
PI·371	発達障害の子どもが変わる食事	ジュリー・マシューズ［著］ 大森隆史［監修］ 小澤理絵［訳］
PI·372	日々を味わう贅沢 吉本隆明の下町の愉しみ	吉本隆明
PI·373	戦国武将の謎に迫る! 諏訪大社と武田信玄	武光 誠
PI·374	ガンになる食べ方 消えていく食べ方	済陽高穂
PI·375	日本人はなぜそうしてしまうのか	新谷尚紀
PI·376	「つながりたい」という病 絆ストレス	香山リカ
PI·377	「また、あなたと仕事したい!」と言われる人の習慣	高野 登 志賀内泰弘
PI·378	いま一体、何が起きているのか 変わる中国を読む50のキーワード	浅井信雄
PI·379	なぜ休みになると体調を崩すのか 週末うつ	古賀良彦
PI·380	図説 東京の今昔を歩く! 江戸の地図帳	正井泰夫［監修］
PI·381	最新遺伝学でわかった病気にならない人の習慣	石浦章一
PI·382	「老けない体」は骨で決まる	山田豊文
PI·383	図説 地図とあらすじでわかる! 史記	渡辺精一［監修］
PI·384	仕事が思い通りにはかどる パソコンの「超」裏ワザ	コスモピア パソコンスクール

こころ涌き立つ「知」の冒険!

青春新書 INTELLIGENCE

PI·385	「ナニ様?」な日本語	樋口裕一
PI·386	仕事がうまく回り出す感情の片づけ方	中野雅至
PI·387	自由とは、選び取ること	村上　龍
PI·388	「腸を温める」と体の不調が消える	松生恒夫
PI·389	アレルギーは「砂糖」をやめればよくなる!	溝口　徹
PI·390	動じない、疲れない、集中力が続く… 40歳から進化する心と体	工藤公康 白澤卓二
PI·391	図説 生き方を洗いなおす! 地獄と極楽	速水　侑〔監修〕
PI·392	成功する人は、なぜジャンケンが強いのか	西田一見
PI·393	〝口先〟で踊る日本とグローバル経済	浜　矩子
PI·394	「すり減らない」働き方 なぜあの人は忙しくても楽しそうなのか	常見陽平
PI·395	英語は「リズム」で9割通じる!	竹下光彦
PI·396	図説 地図とあらすじでわかる! 伊勢参りと熊野詣で	茂木貞純〔監修〕
PI·397	誰も知らない「無添加」のカラクリ	西島基弘
PI·398	やってはいけないストレッチ	坂詰真二

※以下続刊

お願い ページわりの関係からここでは一部の既刊本しか掲載してありません。折り込みの出版案内もご参考にご覧ください。

好評発売中　坂詰真二のベストセラー

青春新書
INTELLIGENCE

筋肉のしくみから、メカニズムまで――
これから始める人も、すでに始めている人も役立つ
確実に成果を出す筋トレの決定版！

やってはいけない筋トレ

いくら腹筋を頑張っても
お腹は割れません

坂詰真二

このやり方を
知らなければ
すべての努力が
ムダになる！

ISBN978-4-413-04350-2　771円

※上記は本体価格です。（消費税が別途加算されます）
※書名コード（ISBN）は、書店へのご注文にご利用ください。書店にない場合、電話またはFax（書名・冊数・氏名・住所・電話番号を明記）でもご注文いただけます（代金引替宅急便）。商品到着時に定価＋手数料をお支払いください。
〔直販係　電話03-3203-5121　Fax03-3207-0982〕
※青春出版社のホームページでも、オンラインで書籍をお買い求めいただけます。ぜひご利用ください。〔http://www.seishun.co.jp/〕

お願い　ページわりの関係からここでは一部の既刊本しか掲載してありません。折り込みの出版案内もご参考にご覧ください。